U0629882

 里程碑
文库
THE
LANDMARK
LIBRARY

人类文明的高光时刻
跨越时空的探索之旅

噪音、芭蕾与现代主义的开端

THE MUSIC OF MODERNITY

[英]吉莲·摩尔 (Gillian Moore)·著　陈新坤·译

THE RITE
OF SPRING
春之祭

北京燕山出版社
BEIJING YANSHAN PRESS

春之祭：
噪音、芭蕾与现代主义的开端

[英]吉莲·摩尔 著
陈新坤 译

图书在版编目 (CIP) 数据

春之祭：噪音、芭蕾与现代主义的开端 / (英) 吉莲·摩尔著；陈新坤译. -- 北京：北京燕山出版社，2021.10
（里程碑文库）
书名原文：The Rite of Spring：The Music of Modernity
ISBN 978-7-5402-6168-9

Ⅰ.①春… Ⅱ.①吉… ②陈… Ⅲ.①文化史—西方国家 Ⅳ.①K103

中国版本图书馆CIP数据核字 (2021) 第175524号

THE RITE OF SPRING
THE MUSIC OF MODERNITY

by Gillian Moore

This is an Apollo book, first published in the UK in 2019 by Head of Zeus Ltd
Copyright © Gillian Moore 2019
Simplified Chinese edition © 2021
by United Sky (Beijing) New Media Co., Ltd.

北京市版权局著作权合同登记号 图字:01-2021-4523 号

选题策划	联合天际	特约编辑	夏 琳
版权统筹	李晓苏	版权运营	郝 佳
编辑统筹	李鹏程 边建强	营销统筹	绳 珺
视觉统筹	艾 藤	美术编辑	程 阁

责任编辑　王月佳　张金彪
出　　版　北京燕山出版社有限公司
社　　址　北京市丰台区东铁匠营苇子坑 138 号嘉城商务中心 C 座
邮　　编　100079
电话传真　86-10-65240430（总编室）
发　　行　未读（天津）文化传媒有限公司
印　　刷　北京雅图新世纪印刷科技有限公司
开　　本　889 毫米 ×1194 毫米　1/32
字　　数　143 千字
印　　张　7.25 印张
版　　次　2021 年 10 月第 1 版
印　　次　2021 年 10 月第 1 次印刷
ISBN　978-7-5402-6168-9
定　　价　68.00 元

关注未读好书

未读 CLUB
会员服务平台

本书若有质量问题，请与本公司图书销售中心联系调换
电话：(010) 5243 5752

献给我的家人

目录

* * * * * *

引言

有关伊戈尔·斯特拉文斯基最喜闻乐见的一个趣闻,是肯尼迪总统和夫人于1962年6月18日在白宫主持庆祝他八十岁诞辰的晚宴。那天晚上的活动相当尴尬、正式。尽管为了让斯特拉文斯基更加放松而邀请了他的几位朋友,但大多数客人对斯特拉文斯基的音乐几乎一无所知。作曲家兼指挥家伦纳德·伯恩斯坦出席,尼古拉斯·纳博科夫和斯特拉文斯基的唱片制作人戈达德·利伯森也在场。该活动是在冷战高峰时期举行的,而斯特拉文斯基对他受邀请背后的政治目的不抱幻想。政府知道他打算在那年晚些时候访问他的祖国,这是自1914年以来的第一次。战争和革命使他离开祖国近五十年。他的移民国家想抢在苏联之前宣称他属于自己。在白宫晚宴上,斯特拉文斯基为了更顺畅地社交而肆无忌惮地饮酒,显然他对肯尼迪夫妇很热情。聚会结束,当总统夫妇向坐在车里酩酊大醉的作曲家挥手告别时,他转向妻子维拉说:"他们真是好孩子。"[1]

把美国总统和第一夫人称为"好孩子"是需要自信的,但是斯特拉文斯基有这个自信。他生于1882年,去世于1971年。与少数文化人物一起——其他艺术领域的名流包括与他近乎同时代的毕加索、查理·卓别林、可可·香奈儿、阿尔弗雷德·希区柯克和路易斯·阿姆斯特朗——他就是那些定义了20世纪末期文化的与众不同人物之一。他成名于20世纪伊始。他漫长的生命历程深受重大冲突和政治动荡的影响。得益于20世纪的技术,他的音乐传遍全球。斯特拉文斯基对这个世纪的电影配乐产生了巨大影

维拉·斯特拉文斯基、约翰·F.肯尼迪、杰奎琳·肯
尼迪和伊戈尔·斯特拉文斯基1962年在华盛顿。

响，不仅出现在古典音乐厅中，还出现在电影院、摇滚乐场地和爵士俱乐部里。他的音乐盗窃癖——无论对错，他毕竟也是推崇"小艺术家借用，大艺术家偷窃"这句格言的几位人士之——意味着他的音乐吸收并改变了七十年来的文化趋势和文化运动，同时又毫无疑问地保持着成功的姿态。

斯特拉文斯基之所以能成为20世纪的巨人，至少部分是因为在1913年5月——他31岁生日三周前的一个火热的春天夜晚，他在《春之祭》的巴黎首演中给这个世纪带来了一个神话般的文化时刻。《春之祭》骚乱式的首演丑闻已成为现代主义民俗学的一部分，并且是有史以来最值得记录的艺术事件之一。这一时刻不仅属于斯特拉文斯基。在把它带到舞台上的谢尔盖·佳吉列夫的俄罗斯芭蕾舞团精神的指引下，《春之祭》是"整体艺术"，"一部综合的艺术作品"：一部由考古学家和画家尼古拉斯·洛里奇创造脚本、布景和服装，由俄罗斯芭蕾舞团轰动的明星舞蹈演员瓦斯拉夫·尼金斯基新编舞的芭蕾舞剧。芭蕾舞剧顺应了巴黎人当时对俄罗斯主义以及想象中的古斯拉夫仪式——一个年轻姑娘向春天之神祭献的狂热。

《春之祭》出现于1913年，只是增加了其神话的力量。对于现代主义来说，那是重要的一年，那时美术、文学和音乐正在与似乎处于混乱和分裂边缘的世界搏斗。在这一年，格特鲁德·斯泰因将语言拆开，第一次告诉我们"玫瑰是玫瑰是玫瑰是玫瑰"，而马塞尔·普鲁斯特发表了《追忆似水年华》的第一部。这一年立体主义已经5岁了，毕加索和乔治·布拉克仍在用同时并置的多重视角继续呈现世界的碎片化状态。索尼娅·德劳内于1913年创作的绘画《电子棱镜》（Electric Prisms）充满了技术的速度和能量；而在俄国，纳塔利亚·冈察洛娃的射线画则描绘了被光线碎裂的现实。1913年在纽约军械库举行的国际现代艺术展标志着现代主义在美国艺术界展露曙光。马塞尔·杜尚的《下楼梯的裸女：第二号》（Nude Descending the Staircase, No. 2）引起了最大轰动，一位批评家将其描述为"木材厂大爆炸"。[2]1913年，维也纳建筑师阿道夫·卢斯首次发表了他的论文《装饰与罪恶》（Ornament and Crime）——一个残酷世纪的简约现代建筑宣言。

这也是艺术上充满异议的时期，《春之祭》的首演并不是第一个在1913年引起轩然大波的音乐表演。3月31日在神圣的维也纳金色大厅，一个被称为"丑闻音乐会"的事件已经发生。勋伯格、贝尔格和韦伯恩的音乐最近都摆脱了传统调性的束缚，对于听众来说，其作品与过去的断裂实在太多了。抗议淹没了乐团的声音，音乐会不得不停下来。3月9日，在罗马的孔斯坦齐歌剧院，未来主义团体之一的画家兼作曲家路易吉·鲁索洛参加了一场新音乐会，最终以保守派和进步派之间的"拳头和拐杖之战"而结束。作为回应，鲁索洛出版了一本名为《噪音的艺术》（The Art of Noises）的简短小册子，为一种把20世纪的机器、飞机和汽车之声与乐队相结合的音乐而辩护。总的来说，这一年，亨利·福特引进了第一条机动装配线以生产T型车，罗兰·加洛斯在第一次横跨地中海的飞行中从法国南部来到了突尼斯。

《春之祭》宣称自己是一种古老的仪式，但对于许多见证了早期表演的人来说，它也是一幅现代世界的图画，带有其所有的错位、喧闹与恐怖。T. S. 艾略特描述了斯特拉文斯基如何设法将"大草原节奏转变为汽车喇叭的尖叫声、机械的咔嗒声、车轮的摩擦声、钢铁的击打声、地铁的轰鸣声以及其他现代生活的野蛮叫声，并把这些令人绝望的声音转变成音乐"[3]。《春之祭》被认为不仅描绘了过去和现在，也描绘了将来。这是一年之后第一次全球机械化战争的预兆。从让·科克托到莫德里斯·埃克斯坦的作家们，都把这个年轻女孩的祭祀仪式看作对一代年轻人屠杀的预言。在战时巴黎，肖像画家雅克-埃米尔·布兰奇在战争的声音中听出了《春之祭》的声音："在科学的、化学的'立体主义'战争期间，在空袭让人恐惧的夜晚，我常常想起《春之祭》。"[4]尽管没有依据让我们认为斯特拉文斯基或他的合作者们想到了战争，然而无法否认，这音乐史无前例地暴力。它可能比迄今为止的任何音乐都喧闹，有一些段落很难不让人想起机关枪的突突声、火炮的隆隆声和飞弹的嗖嗖声。

自1913年首演的一个多世纪以来，《春之祭》仍然是一部暴力的、神秘的、复杂的、奇迹般的艺术作品，值得每一个用来形容它的夸张词汇。曾经被认为无法表演的东西已成为管弦乐精品，经常在音乐厅演出。它被编舞，被其他音乐家窃取，比其他任何音乐作品被分析得都多。它仍然具有震撼人心的力量，并且大多知道《春之祭》的人都记得第一次听它的感觉。在某种程度上，它也是不可知的：我谈到的每个音乐家都与我的感受一样，无论他们听多少次，都能从中发现新东西——他们发誓这整段音乐或内部结构之前都没有出现过。不论是欣赏它还是写作关于它的故事，都是十分艰巨的事。但是，在写这本书时，我想起这部作品的第一位编舞尼金斯基在首演前特别困难的时期曾写信给斯特拉文斯基，提醒我们所有人《春之祭》充满了美和恐怖，它能给所有人带来一种直接的、强大的并富有启发性的艺术体验：

我知道当一切如我们所愿时，《春之祭》将是什么样子：崭新的，并且对普通观众来说，是一种震惊的印象和情感体验。对某些人来说，它将开辟出充满各种阳光的新视野。人们将看到崭新而不同的色彩和线条。一切都不一样，新颖而美丽。[5]

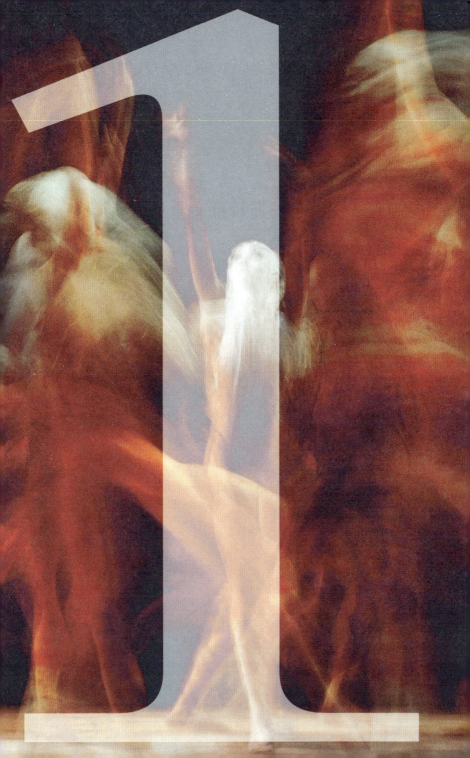

* * * * * *

伊戈尔·斯特拉文斯基是谁?

在《春之祭》首演之前的三年时间里，斯特拉文斯基还只是一个来自圣彼得堡的、有前途但不为人所知的年轻作曲家。当芭蕾舞团的经理谢尔盖·佳吉列夫冒险委托他为1910年巴黎季一部新芭蕾舞剧《火鸟》(*The Firebird*) 创作音乐时，斯特拉文斯基一夜之间成了轰动人物。人们常说他的成功很突然，他的才华突然闪现是一个奇迹。比起他的早期作品，《火鸟》那支自信而光彩照人的管弦乐谱在规模和成就上的飞跃的确是了不起的。但是斯特拉文斯基在那之前的职业生涯揭示了《火鸟》表面上的奇迹建基于努力地工作和决心之上，而这已经成了他漫长工作生涯的一个特点。

斯特拉文斯基出生于1882年6月17日[*]，是费奥多·伊格纳季耶维奇·斯特拉文斯基和安娜·基里洛夫纳·斯特拉文斯基四个儿子中的第三个，出生在圣彼得堡西部约五十公里处的奥拉宁堡度假胜地里一栋租来的木制别墅内。斯特拉文斯基的父母都是小贵族的后裔，他们的家庭里有政府官员和小地主。他的父亲是俄罗斯知识分子中的名人。费奥多·伊格纳季耶维奇·斯特拉文斯基是圣彼得堡马林斯基剧院皇家歌剧团的首席男低中音，他被公认为那个时代最伟大的歌手之一，尤其以其生动活泼的舞台角色呈现而闻名，例如，穆索尔斯基的歌剧《鲍里斯·戈杜诺夫》(*Boris Godunov*) 中的瓦尔拉姆和里姆斯基-科萨科夫歌剧《雪姑娘》(*The Snow Maiden*) 中的弗罗斯特国王。据说斯特拉文斯基家

---

[*] 旧俄罗斯历的6月5日。

族这位最新成员名字的选择可能受到这件事的影响：就在他儿子出生前几天，费奥多在莫斯科演唱了鲍罗丁的歌剧《伊戈尔王子》（*Prince Igor*）中的一首咏叹调。

斯特拉文斯基一家人住在圣彼得堡克留科夫运河旁的一间公寓里，距马林斯基剧院仅一步之遥。在斯特拉文斯基的童年记忆中有这样一幅奇怪景象，巨大的歌剧和芭蕾舞剧舞台布景，缓缓滑过运河驳船上公寓的窗户。作为一个老人，斯特拉文斯基凭记忆画出了公寓的详图，他在这间公寓里度过了他人生的大部分时光，直到26岁。这幅画展示了他与弟弟居里共享的房间，隔壁则是他们那德国保姆的卧室。他也仔细地绘制并标出了对少年和青年时期的他来说最重要的两个房间：他父亲的图书馆——圣彼得堡最好的图书馆之一，非常有价值以至于苏联当局在革命后采取了保护措施——和画室，画室里并排放着两架三角钢琴，画室里传出费奥多学习歌剧角色的声音，之后年轻的伊戈尔埋头练琴几小时，以致他的兄弟们给他起了个绰号"钢琴调音师"[1]。

作曲家早期最生动的回忆是声音。他的自传开篇就提到了他对家庭乡村夏日的早期声音记忆：一个"体积庞大的农民"坐在一截树桩上，唱着双音节歌曲，并伴之以快速、有节奏的"腋下放屁"声。斯特拉文斯基称当他尝试在家模仿那个声音时，他严厉而可敬的父母并不觉得好笑。20世纪50年代末，当他的合作者罗伯特·克拉夫特在问他能回忆起童年圣彼得堡的什么时，他声称他最先想起的是这座城市的声音：马车轧在鹅卵石上发出的噪音，有轨电车在公寓附近转弯时的刮擦声，从俄罗斯最偏远角落传出的街头小贩售卖商品的吆喝声。指挥家弗拉基米尔·尤洛夫斯基评论说："对斯特拉文斯基来说，世界存在于声音之中；他把整个宇宙的声音——包括其他人写出来的——看作他的工作坊。"[2]这就是为什么19世纪末，圣彼得堡街道的声音会出现在他的芭蕾舞剧《彼得鲁什卡》（Petrushka）中。通过更广泛的吸收，整个音乐历史都被吸收并折射到斯特拉文斯基的音乐之中。

斯特拉文斯基的童年回忆并不愉快，他对他父母的判断或许尖刻得毫无道理。他说这套公寓阴暗且幽闭恐怖，他父亲脾气暴躁，尤其是在演出日。他对母亲的感觉中规中矩。他说："童年是一段等待一个时刻出现的时期，当这一刻来临时，我要把与它相关的每个人、每件事都送进地狱。"[3]但即使他这些描述没有夸大其词，童年也肯定不全是痛苦。他充分利用父亲的图书馆，贪婪地读书。斯特拉文斯基从9岁起就上钢琴课，他很快发现自己是有天赋的视奏者，能够完整演奏费奥多的歌剧总谱，而这本身就是一种令人羡慕的音乐教育。因此，他也发现了自己的天赋：即兴演奏、现场编曲、用手指寻找音乐灵感，并看它会把他带到何处。这依然不是作曲，却是最好的基础训练，斯特拉文斯基的余生都将在钢琴上寻找他的音乐灵感。除此之外，母亲会带他到马林斯基拐角处去看歌剧和芭蕾舞剧。安娜·基里洛夫纳在他值得纪念

第6—7页图
年轻的斯特拉文斯基（中间）和他的家庭，
1882年于奥拉宁鲍姆。

的 10 岁之时，带他看了格林卡《为沙皇献身》（*A Life for the Tsar*）的盛大演出。斯特拉文斯基说自己被舞台上的表演迷住了，然后冲进休息室，看到 52 岁的柴可夫斯基背对着他站着。凭着他对好故事的敏锐直觉，老斯特拉文斯基十分清楚地回忆起这件不同寻常的事，它代表了俄罗斯音乐与这颗伟大行星的短暂交集。仅仅一年之后，柴可夫斯基便离开了人世。

在圣彼得堡漫长的冬天，斯特拉文斯基在公寓的生活是幽闭又恐惧的，但每年夏天，他可以长途跋涉，乘坐火车、内河船和马车穿梭于俄罗斯，以旅行的方式逃离到地主亲戚的乡间庄园度假。一个叫诺申科的表亲家里有与斯特拉文斯基家的男孩们相匹配的女孩，住在俄罗斯帝国西端的乌斯蒂鲁格村的一个庄园里，该地位于乌克兰，靠近波兰。从 8 岁的第一次访问开始，伊戈尔就被他的表妹叶卡捷琳娜吸引，女孩严肃、聪明、敏感。那正是他一直渴望的妹妹。

斯特拉文斯基和他的兄弟们在家庭教师的监督下在家中接受了早期教育，这一定增加了他在克留科夫运河公寓（后来被他戏称为"彼得鲁什卡牢房"）的监禁感。他直到 10 岁都没上学。根据斯特拉文斯基自己的说法，他是个冷漠的学生，他的报告表明他在音乐上花费了太多时间：钢琴课、读谱、即兴演奏以及参加歌剧。尽管如此，想必是为了让他的父母开心，他最终还是于 1901年就读圣彼得堡大学法学院。同时，他对音乐的学习越来越认真。他那时知道自己想作曲并已经创作了一些小作品。但由于他缺乏理论学习而备受阻碍：都是即兴创作，他不知该如何写下来。他在法学院的一位学生朋友弗拉基米尔·里姆斯基-科萨科夫是伟大作曲家兼圣彼得堡音乐学院教授尼古拉·里姆斯基-科萨科夫的儿子。年轻的里姆斯基-科萨科夫将斯特拉文斯基介绍给他那著名的父亲，斯特拉文斯基短小而初级的作品展示了他原始的音乐天赋。里姆斯基-科萨科夫建议他在私下学习和声、对位和配器。里姆斯基-科萨科大表示，一旦掌握了基础知识，他就可以将斯特拉文斯基当作私人学生。

与里姆斯基-科萨科夫第一次非常重要的会面在德国，里姆斯基-科萨科夫和斯特拉文斯基在那儿度过了1902年的夏天。他们那个阶层的俄罗斯人通常会在德国的温泉小镇度过夏天，进行矿泉疗养。但是在这个假期，斯特拉文斯基一家有一个严肃的目的：费奥多患了癌症，正在接受重症治疗。结果治疗没有成功，他死于那年的11月，享年59岁。对于斯特拉文斯基来说，尼古拉·里姆斯基-科萨科夫很快成了像父亲一样的人；与音乐家、美术家和知识分子在里姆斯基公寓聚会很快成为他生活的一部分。当这位刚刚起步的作曲家孜孜不倦地致力于音乐理论学习时（同时他还在继续攻读法学学位），里姆斯基-科萨科夫的圈子扩大了斯特拉文斯基的艺术视野，使其超越了克留科夫运河公寓和马林斯基剧院。他参加了富裕的出版商米特罗凡·贝莱尔举办的俄罗斯交响音乐会排练和定期的"当代音乐晚会"*，在那里他听到了诸如克劳德·德彪西、莫里斯·拉威尔、雨果·沃尔夫和理查·施特劳斯这些外国作曲家的音乐。这位年轻的作曲家正在积累音乐经验。

1905年，斯特拉文斯基完成了他的法律课程，成为尼古拉·里姆斯基-科萨科夫的门生。这革命、动荡的一年，始于沙皇武装在圣彼得堡于"流血星期日"（1月22日）对手无寸铁的示威者的大屠杀，继之进展到遍及整个俄罗斯帝国的罢工、示威游行和暴动。里姆斯基-科萨科夫本人因公开支持学生罢课而被解除音乐学院教授的职务。当动荡和暴力在他周围爆发时，斯特拉文斯基适当地向自由派知识分子发出了同情的声音。然而，他最终认为——这一观点贯穿了他的一生——艺术在某种程度上高于政治。他精力充沛地投入音乐创作，在里姆斯基的监督下变得专注，且颇有动力。他花了两年时间创作的四乐章交响曲是这一时期的主要成果。1907年，这部作品私下在圣彼得堡进行了演出，作品在降E调上，有一个无懈可击的——即使不完全具有原创性——19世纪晚期的交响曲结构，强烈回应了柴可夫斯基、格拉祖诺夫和里姆斯基-科萨科夫本人。斯特拉文斯基的交响曲几乎没有《火鸟》的痕迹，更少透露出《春之祭》的迹象，但这部作品是他在作曲家进程中的一次大飞跃。

1906年，伊戈尔与他的表妹卡蒂娅成婚，他们的关系让人不

---

* 1902年由阿尔弗雷德·努洛克、沃尔特·努维尔和瓦亚切斯拉夫·卡拉蒂金创立的系列音乐会。

尼古拉·里姆斯基-科萨科夫，作曲家伊戈尔·斯特
拉文斯基的老师，1903年。

伊戈尔·斯特拉文斯基和他的第一任妻子卡蒂娅，1907年于圣彼得堡。

解，以至于婚礼不得不由圣彼得堡郊区的一个骗子牧师来主持。
这对夫妇搬进了克留科夫运河的公寓，与斯特拉文斯基的寡母和
兄弟们住在一起。他在与罗伯特·克拉夫特的交谈［《展览和发
展》（*Expositions and Developments*）］中谈到了公寓的安排，斯特
拉文斯基在其中一间卧室中写道："我的两个大孩子在这里出生。"
到1908年，他们根据斯特拉文斯基的设计在乌斯蒂鲁格靠近卡蒂
娅家的地方建造了一栋新房子——一栋有宽大音乐室的避暑胜地，
他将在这里创作《火鸟》《彼得鲁什卡》和《春之祭》。

由于已经有了一部完整的交响乐，斯特拉文斯基获得了信心，感觉自己能够应付更自由的音乐形式：1908年创作的生动而迅速的《谐谑幻想曲》（Scherzo fantastique）是一首十分钟长的欢快音诗，灵感源于莫里斯·梅特林克的文章《蜜蜂的生活》，甚至于同年晚些时候问世的更明确的《焰火》（Feu d'artifice）是管弦乐团闪闪发光、不停转动的凯瑟琳之轮*。交响曲被束缚的形式已成为过去，我们正在听已经飞跃了的音乐：它是活泼的、灵活的，同时又具有潜在的芭蕾舞风格。

到1908年，斯特拉文斯基的音乐在公众领域被听到，他已经赢得了一位出版商，但是也有一些损失。里姆斯基–科萨科夫刚好在他的女儿纳德兹卡结婚之后的几天里，于1908年6月21日因心脏病发作突然去世，享年64岁，斯特拉文斯基曾为纳德兹卡创作《焰火》作为结婚礼物。斯特拉文斯基在失去他心爱的老师和"父亲"后非常失落，为他在1909年1月的纪念音乐会创作了一部11分钟的管弦乐作品《葬礼之歌》（Funeral Song）。这部最具个性的作品的乐谱遗失了（斯特拉文斯基将其归因于1917年革命的混乱），直到2015年，管弦乐团部分的乐谱才在清理圣彼得堡音乐学院一个图书馆的后室时被重新发现。新的乐谱被制作出来，斯特拉文斯基给他老师的纪念物在其第一次演出的108年后的2016年12月2日，于马林斯基剧院第二次上演。

★ 常见的纹章寓意物之一，象征了信徒的决心。——编者注

这部重新被发现的《葬礼之歌》向21世纪揭示了早期作品与三部佳吉列夫芭蕾舞剧创作之间缺失的联系。它在开始部分神秘而缓慢行进的声音比我们迄今为止听到的任何声音都更接近《火鸟》的魔力和神秘。但是现在可以听到斯特拉文斯基声音创作的另一个新方向，即超越《火鸟》的声音。音乐是黑暗的、仪式般的、列队行进的。乐团通过一段从一件乐器到另一件乐器的旋律参与11分钟的葬礼仪式，用斯特拉文斯基的话说，他们"陆续走过大师的坟墓，把旋律当作花环放下"[4]。把音乐当作仪式的观念对斯特拉文斯基来说是新的，它将在四年后的《春之祭》里被放大，甚至变得可怕。

目前尚不清楚谢尔盖·帕夫洛维奇·佳吉列夫——这位经理和俄罗斯文化的大出口商——是否参加了里姆斯基-科萨科夫的纪念音乐会并且听到了斯特拉文斯基的《葬礼之歌》。但可以肯定的是，早在1909年年初，他在圣彼得堡的音乐会上听到了《谐谑幻想曲》和《焰火》这两部作品，并且印象深刻。他请斯特拉文斯基拜访他，并委托他为巴黎的俄罗斯芭蕾舞团第一次春季演出改编两首肖邦的钢琴曲。这是一个直截了当的、斯特拉文斯基能够应付的委托，尽管他同时在迎接下一个作曲上的大挑战：一部基于汉斯·克里斯蒂安·安徒生的故事的歌剧《夜莺》（通常以法文名 Le Rossignol 出现）。斯特拉文斯基没有去巴黎听他为芭蕾舞剧《仙女们》（Les Sylphides）编排的肖邦的作品（由米歇尔·福金编

谢尔盖·帕夫洛维奇·佳吉列夫与他的保姆的肖像，里昂·巴克斯特作于1906年。

谢尔盖·佳吉列夫、瓦斯拉夫·尼金斯基和伊戈尔·斯特拉文斯基，1912年。

舞），而是在圣彼得堡创作歌剧。

　　几个月后，有了更重大的中断。斯特拉文斯基在他的自传中回忆道："一封电报打乱了我所有的计划。"[5]佳吉列夫急需一位作曲家为俄罗斯芭蕾舞团1910年春天巴黎季的一部新芭蕾舞剧创作音乐。斯特拉文斯基——为肖邦音乐配器的27岁作曲家——是佳吉列夫心里为《火鸟》创作音乐的第三选择，这部作品将成为俄罗斯芭蕾舞团第一部"整体艺术作品",带有音乐、舞台设计和编舞,三者都是全新创作的,而且同等重要。尽管时间很短,斯特拉文斯基还是接受了这一委托,把《夜莺》放到了一边。

佳吉列夫打算用《火鸟》来满足巴黎人对俄罗斯艺术和文化的狂热,他本人一直在鼓励、发展和出色地利用这一点。这为斯特拉文斯基提供了取得重大突破的机会,对于巴黎的观众来说,这位来自俄罗斯芭蕾舞团的新天才似乎是突然冒出来的。但是,正如我们所看到的那样,勤奋的斯特拉文斯基多年来在圣彼得堡获得了技能和知识,以至于当属于他的重要时刻来临时,他早已做好准备。他花了多年的心血,才能在一夜之间取得成功。

* * * * * *

俄罗斯灵魂的重塑

"我一生都在说俄语。"1962年，斯特拉文斯基告诉一位莫斯科记者，"我用俄语思考，我表达自己的方式是俄罗斯式的。也许在我的音乐中不是很明显，但它潜在地藏在本性中。"[1]斯特拉文斯基80岁时接受了苏联当局的邀请，到他的祖国进行巡回演出，包括一些音乐会、新闻发布会和官方活动。他居住在法国、瑞士和美国，因战争、革命和经济需要而未能回家。那些年，他毫不掩饰自己对苏联政体的厌恶，并拒绝了几次官方的回国邀请。但最终因为祖国的牵绊太强烈，回归祖国对于众所周知冷静而疏离的斯特拉文斯基来说，带有惊人的情绪化色彩。

在承认他的音乐中隐藏着俄罗斯本性方面，斯特拉文斯基改变了他的论调。在他一生的大部分时间里，他一直认为自己是世界性的、国际化的现代主义者；他的艺术无国界，没有任何地方性，无论是俄罗斯的还是其他地方的。1922年之后，他没有为一个俄语单词配过音乐。他彻底地穿上了西方作曲家的外衣：他写新古典主义的交响曲和奏鸣曲；拉丁弥撒，一部诗篇交响曲；取材于希腊神话的芭蕾舞剧和康塔塔；与奥登合作的歌剧；探戈、雷格泰姆*、爵士协奏曲和旧约圣经的配乐。在他的一生中，他淡化或断然否认自己借用了俄罗斯民间音乐，并立刻批评了其他作曲家，包括对民族主义或民俗主义感兴趣的贝拉·巴托克和莱奥什·雅纳切克。20世纪50年代早期，斯特拉文斯基通过采用阿诺

---

*　一种美国流行音乐。——编者注

德·勋伯格的十二音序列主义并对其进行自我改造，披上了终极的国际现代主义外衣。

然而，斯特拉文斯基无法否认的是，最初让他成为国际名人的音乐非常具有俄罗斯特色：《火鸟》《彼得鲁什卡》和《春之祭》根植于他祖国的神话和民间文化。在"一战"后的音乐中，他继续利用俄罗斯主题：《木管交响曲》（*Symphonies of Wind Instruments*，1920年）以正统葬礼的形式纪念德彪西，迷你歌剧《马夫拉》（*Mavra*，1922年）基于普希金的喜剧故事，他的芭蕾舞剧音乐《婚礼》（*Les Noces*，1923年）反映了俄罗斯农民的婚礼仪式。由于三部伟大的巴黎芭蕾舞剧，斯特拉文斯基在20多岁时突然成名，恰好赶上了（事实上是在一定程度上导致了）已经建设了一个世纪的、自信的、令人惊叹的俄罗斯文化的高潮，它在大战之前似乎短暂地主导了欧洲艺术。

在《战争与和平》的开场，托尔斯泰带我们回到了1805年圣彼得堡一个上流社会的客厅。[2]一位年轻的圣彼得堡贵族发言并讲了个故事。由于它是"一个莫斯科的故事"，聚会的每个人都说俄语，他从法语转换成俄语，只是为了能挣扎着使用母语。托尔斯泰称他认为"一个法国人要在俄国待一年才能说俄语"。托尔斯泰嘲笑这位年轻的贵族，但同时也严肃地指出，西化的俄罗斯精英在自己的土地上已经成为外国人，脱离了自己的语言和文化。整个19世纪，如何与真实的或想象中的俄罗斯性重新产生联结，是俄罗斯文学、绘画和音乐的主要主题。

俄罗斯文化断裂的时刻可以追溯到彼得大帝，彼得大帝在18世纪初试图通过向西欧大城市看齐的方式让俄罗斯走向现代化。彼得前往阿姆斯特丹和伦敦了解了造船、科学和技术的最新发展。他邀请意大利建筑师设计他面向西方的这座新首都，圣彼得堡——模仿威尼斯和阿姆斯特丹的方式，建立在被运河排干水的沼泽之上。他松绑了东正教会对俄罗斯社会的控制，并坚持要求贵族采用西方习惯，取缔留胡须和旧莫斯科大公国的传统服饰。但是彼得的现代化计划并没有深入到社会或政治改革；除了少量西化的精英阶层外，俄罗斯仍然有庞大的领土——从欧洲延伸到亚洲——处于落后的封建社会，社会依然依赖数百万农奴和贫穷且没文化的农民阶层运转。19世纪许多艺术家的主要工作是参与彼得的西化与古老的、可能的俄罗斯性的神秘观念之间的对话，该观念将欧洲和亚洲、贵族和农民联结在一起。

正如托尔斯泰笔下的年轻贵族所展示的那样，为这种文化复兴寻找一种语言还有许多工作要做。19世纪20年代，普希金对俄语的贡献正如莎士比亚200年前对英语的贡献一样。他创建了一种通俗易懂的文学性俄语，并用它来讲俄语故事，发明了新词，把它们塞到全社会范围的俄罗斯人口中，为后来的屠格涅夫、果戈理、陀思妥耶夫斯基和托尔斯泰等人的俄罗斯文学大爆发铺平道路。俄罗斯的第一部历史书就在此时写成：尼古拉·卡拉姆津编写的长达十二卷的庞大的《俄罗斯国家史》（*History of the Russian State*）在他去世时（1826年）依旧未完成。卡拉姆津编写的历史是对沙皇专制制度的有力捍卫，他曾在沙皇居住地的皇宫花园里，大声地朗读自己编写的历史中的一些段落给赞助人沙皇亚历山大一世听：它讲述了伟大的男人和女人、国王和王后的故事；数量庞大的俄罗斯农民则完全没有被提起。然而，他已经与一代俄罗斯贵族格格不入，后者在拿破仑战争中与农民并肩作战，无法接受旧的不平等现象的延续。他们疏远了西化、贵族化的圣彼得堡的造作舞台布景，通过拥抱传统的俄语、服饰和风俗过着更"真实"的生活。

1825年，十二月党人起义的领导人来自这一团体，他们为宪法改革和废除农奴制而发起的运动，在那年12月26日的圣彼得堡参议院广场与沙皇部队的对峙中达到了高潮。在起义遭到镇压后，许多十二月党人被流放到西伯利亚，他们在俄罗斯辽阔东部地区中过着长期的、活跃的集体生活。他们的流亡并没有被人们遗忘，它扩展了俄罗斯可能成为什么样的观念，并在贵族的俄国想象中确立了一种更纯粹、更简单、更加真实的俄国生活的理想。这个想法开始扎根（主要是在年轻贵族中），人们可以通过共享同一个俄罗斯灵魂的观念来弥合贵族和农民之间的巨大鸿沟。

列夫·托尔斯泰原本打算将《战争与和平》写成一部十二月党人的小说，其核心保留了对俄罗斯生活简单理想的渴望。它于1869年出版，当时正值俄罗斯农奴制的解放和艺术与学术生活繁荣的十年之末。伟大的小说家屠格涅夫、陀思妥耶夫斯基和托尔斯泰在19世纪60年代处于鼎盛时期。在这十年之初，马林斯基剧院对外开放，成为俄罗斯歌剧和芭蕾舞剧的大本营。圣彼得堡和莫斯科音乐学院也在这十年成立，首次为俄罗斯音乐家提供专业培训；21岁的柴可夫斯基是圣彼得堡的第一批学生之一。新的图书馆、人种学博物馆和档案馆使俄罗斯的艺术、历史和文学比以前更容易被接触到，从而传播得更广泛。正是在19世纪60年代，经常拿来与德国的格林兄弟相比的民族志学家亚历山大·阿法纳西耶夫出版了俄罗斯民间故事集。这些故事将在未来几十年里激发灵感：里姆斯基-科萨科夫将这些故事用于他的歌剧《雪姑娘》，莫杰斯特·穆索尔斯基将其用于《荒山之夜》(*Night on a Bare Mountain*，1867年)，佳吉列夫芭蕾舞团的艺术家们走近阿法纳西耶夫去寻找《火鸟》的故事。阿法纳西耶夫还设想了古代斯拉夫的宗教和仪式。在这些仪式中，最有影响力的仪式是斯拉夫神雅里洛的仪式，它与春季、植物、生育力和年轻暴力的情欲联系在一起。半个世纪后，这成为《春之祭》的重要来源。

就像20世纪60年代一样，19世纪60年代也有反文化运动。1863年，十四名艺术系学生组成的团体在圣彼得堡帝国艺术学院上演了一次罢课，以抗议针对西方古典学科的狭窄课程。头脑发热的伊凡·克拉姆斯科伊领导的画家们认为，艺术家的作用是通过他们的作品塑造真正的俄罗斯身份。他们在圣彼得堡成立了另类的艺术团体，并开始以真实的细节记录俄罗斯的生活。他们画了俄罗斯艺术家的生动肖像，例如，瓦西里·佩罗夫对陷入困境

第26—27页图
玛利亚·特尼希娃的塔拉什基诺庄园的德雷莫克别墅，2013年。

的陀思妥耶夫斯基的强烈而焦虑的再现（1872年），或伊利亚·列宾的穆索尔斯基的晚期肖像（1881年）——正好在作曲家酗酒死亡前几天而作。俄罗斯风景和俄罗斯历史场面也是最受人欢迎的主题。

也许最引人注目的地方在于农民是他们绘画的主要题材，而不是配角。屠格涅夫以同样的方式在他1852年的短篇小说《猎人笔记》(*Sketches from a Hunter's Album*)中塑造了丰满的农民角色，托尔斯泰的《战争与和平》中农民普拉东的素朴人性为小说提供了重要的道德试金石。列宾的画作《伏尔加河上的纤夫》（1870—1873年）是一组残酷逼真的画像，一群男人和男孩被拴在一起，将河船拉向上游，痛苦刻在每个人的脸上和身上。就像狄更斯在那时所写的东西一样，这是一种毁灭性的社会评论。在确定了这种新的俄罗斯艺术应该普及给普通民众之后，艺术家们开始在遥远的省份组织巡回展览，正因如此，该群体最终被称为"巡回展览画派"，也就是"流浪汉"。

伊利亚·列宾最引人注目的肖像之一，是1905年对一位留着长胡子、穿着鲜艳的红色农家束腰外衣、长相令人印象深刻的老人的画像。他不是农民，而是评论家、历史学家和档案学家弗拉基米尔·斯塔索夫，他是俄罗斯民族风格艺术运动的强烈倡导者，还是"巡回展览画派"的精神领袖。斯塔索夫认为，他对真正的俄罗斯艺术的设想也应适用于音乐。到19世纪60年代，俄罗斯已经有了

俄罗斯艺术评论家弗拉基米尔·瓦西里耶维奇·斯塔索夫的肖像，作者：伊利亚·列宾。

它的第一位伟大的作曲家米哈伊尔·格林卡（1804—1857年），评论家赫尔曼·拉罗什将其描述为"我们音乐上的普希金"³。格林卡的音乐包括歌剧《为沙皇现身》（*A Life for the Tsar*）和基于普希金诗歌创作的《鲁斯兰与柳德米拉》（*Ruslan and Lyudmila*），均明显带有俄罗斯主题。但是斯塔索夫想进一步推动它。19世纪60年代，他充当了一群年轻作曲家的精神领袖，这些作曲家聚集在圣彼得堡的米利·巴拉基列夫周围。像"巡回展览画派"的画家一样，尼古拉·里姆斯基-科萨科夫、塞萨尔·居伊、莫杰斯特·穆索尔斯基、亚历山大·鲍罗丁和巴拉基列夫也在学院之外。除了巴拉基列夫以外，团体的其他成员都是业余爱好者：里姆斯基第一次见到巴拉基列夫时还是一名少年海军学员，居伊是一名陆军工程师，鲍罗丁是一名化学家，穆索尔斯基是公务员。曾接受音乐学院训练的年轻的柴可夫斯基最初被巴拉基列夫的圈子吸引，但最终以恭敬的方式保持着距离，他怀疑他们刻意的"未受教育"的性格，轻微地带有自己独有的俄罗斯性。但斯塔索夫希望世界知道现在有一个真正的俄罗斯作曲家流派，因此他在1867年给了这个团体一个头衔："强力集团"。

在寻找真正的俄罗斯声音的过程中，民间音乐是"强力集团"作曲家们丰富的源泉：19世纪60年代，巴拉基列夫曾花了数个夏天沿着伏尔加河旅行并收集民歌。当柴可夫斯基开始创作交响乐、歌剧和芭蕾舞剧时，有些作品包含俄罗斯民歌曲调，斯塔索夫越来越相信这种新的俄罗斯音乐需要新的音乐形式。"强力集团"的创作倾向是从德国交响曲形式中抽身而出，转向通过讲故事来暗示的自由流动的结构。里姆斯基的音诗《萨特阔》(*Sadko*)和穆索尔斯基的《荒山之夜》(*Night on a Bare Mountain*)就是早期的例子。无论是神话题材还是历史题材，主题始终都是俄罗斯式的。像"巡回展览画派"的画家一样，"强力集团"的作曲家喜欢把现实生活转化为艺术。在穆索尔斯基的《图画展览会》中，"牛车"(*Bydło*)几乎像电影那样描绘了一辆缓慢的牛车费力地叮当而过，并驶向远方，而巴拉基列夫短小又极富难度的钢琴小品《伊斯拉美》[*Islamey*，副标题为《东方幻想曲》(*Oriental Fantasy*)]则是在去高加索旅行期间捕捉到的一个瞬间：一位民间音乐家为他演奏了一首快速的小提琴曲。在斯塔索夫的鼓励下，"强力集团"的作曲家们接受了一种亚洲式的俄罗斯观，对于佳吉列夫俄罗斯芭蕾舞团而言，这一观念被证明具有很高的输出价值，并作为一种芬芳四溢的东方主义缩影在20世纪的流行文化中得以延续。一段来自里姆斯基的歌剧《萨特阔》的曲折有致的旋律变成了"印度之歌"，后来成为一种20世纪30年代的流行爵士乐的标准曲目。鲍罗丁未完成的歌剧《伊戈尔王子》中令人难忘的曲调为20世纪50年代百老汇音乐剧《命运》(*Kismet*)提供了总谱。这是圣彼得堡视角下的亚洲。

随着19世纪的发展，一个新阶层成为俄罗斯艺术的重要参与者。那些在工业和交通基础设施上发家致富的富人把他们的财力用于推动真正的俄罗斯文化。1870年，铁路大亨萨瓦·马蒙托夫

《伏尔加河上的纤夫》（1870—1873年），伊利亚·列宾作。

1870-73.

在他位于莫斯科北部的庄园阿布兰姆塞沃建立了一个艺术家聚集地。包括"巡回展览画派"的一些画家在内的俄罗斯主要的艺术家在阿布兰姆塞沃工作，同时，作为帝国剧院替代品的马蒙托夫私人歌剧院上演了由"强力集团"作曲家创作的歌剧。对农民手工艺的狂热也在阿布兰姆塞沃滋生起来，他们的作坊生产陶瓷、纺织品和家具，这些都对日益壮大的中产阶级具有很高的市场价值。这些手工艺品包括著名的俄罗斯套娃，它在国内外被认为是正宗的俄罗斯传统民间艺术的典范。实际上，俄罗斯套娃是对日本设计的改编，由艺术家谢尔盖·马柳京于1890年在阿布兰姆塞沃发明。

阿布兰姆塞沃是孕育这些思想的温床，这些思想最终催生了俄罗斯芭蕾舞团和《春之祭》，正如1893年玛利亚·特尼希娃公主在斯摩棱斯克附近的塔拉什基诺建立的类似事业。特尼希娃嫁入通过铁路和内河轮船发家的豪门，并且像马蒙托夫一样，她开始保护农民的艺术和手工艺传统，这些传统正受到工业化的威胁，而工业化给她带来了财富*。在塔拉什基诺的工作坊里，当地人可以学习传统手工艺。后来她自嘲地描述了农妇们不喜欢这位善意的公主所推销的"传统"植物染料无光泽、污泥般的颜色。但塔拉什基诺的雄心壮志比慈善事业和传统工艺的复兴更为远大。公主在这些无论是真实的还是想象的俄罗斯传统中，都看到了国际舞

---

* 特尼希娃于1892年嫁给了制造商维亚切斯拉夫·尼古拉耶维奇·特尼舍夫王子。

台上创新型艺术的源泉。特尼希娃无论在经济上还是在哲学上都成了俄罗斯芭蕾舞团这个圈子里的关键人物。斯特拉文斯基和他的合作者尼古拉斯·洛里奇在1910年来到塔拉什基诺构思《春之祭》。斯特拉文斯基–洛里奇芭蕾舞剧令人吃惊的现代性起源于古代俄罗斯之根，看起来好像是完美的塔拉什基诺项目。

斯特拉文斯基和洛里奇1904年通过参与《艺术世界》（*Mir iskusstva*）杂志及圣彼得堡艺术家圈子而相识，《艺术世界》杂志由特尼希娃公主赞助，年轻的评论家和经理谢尔盖·佳吉列夫担任艺术指导。自信的这代人认为自己是俄罗斯艺术革新的先锋。这些年轻的美学家是世界主义者、精英、自由思想者，他们对斯塔索夫时代参与社会现实的民族主义几乎没有耐心，但他们更相信为艺术而艺术、为美而美以及包括新艺术和象征主义在内的现代艺术潮流。这个包括画家亚历山大·尼古拉耶维奇·伯努瓦、里昂·巴克斯和伊凡·比利宾在内的小组，出版杂志并举办展览。该小组的一个分支创办了当代音乐之夜，年轻的斯特拉文斯基在那儿听到了来自法国和德国的新音乐，1907年该小组还为他提供了第一次公开表演的机会。起初，这些年轻的国际艺术家鄙视俄罗斯的民间复兴，特别是民俗主义，以及19世纪俄罗斯复兴的粗俗现实主义。但佳吉列夫和特尼希娃公主最终意识到，与深厚的俄罗斯历史的联系，如果能掌握在正确的艺术家手中，可以成为一种极具输出性的现代俄罗斯艺术形式。考古学家、民族志专家和画家洛里奇加入《艺术世界》杂志圈让其（指艺术形式）与更

戴头巾的女人，保罗·波烈作，引自《乔治·勒帕普眼中的保罗·波烈的作品》，1911年。

古老的历史联系在一起。洛里奇带来了他的史前俄罗斯文明（尤其是西古提人）的知识，他们是从中亚的大草原漫游到黑海的游牧部落。1897年，洛里奇参与了一个西古提人墓穴的考古挖掘，并被这些具有说服力的原始主义艺术品所吸引。随后这些东西进入洛里奇本人的画作，最终渗透到《春之祭》的场景和设计中。

在俄罗斯芭蕾舞团演出五季后，画家雅克-埃米尔·布兰奇1913年在《巴黎评论》(Revue de Paris)上发表的文章告诉我们，特尼希娃和佳吉列夫过去对这种特殊的俄罗斯文化的偏好是多么正确。整个巴黎为之疯狂："我们的妻子和孩子的衣服、家具和新奇的商店都被'俄罗斯狂热'(gout Russe)所占据。"[4]随着俄罗斯芭蕾舞团一个又一个演出季的到来，观众越来越像舞台上的一面镜子，富裕的巴黎女性开始穿由顶级时装公司生产的俄罗斯芭蕾舞团风格的服装。

早在1909年，《纽约时报》就报道称，巴黎时装的主干道和平街充斥着风行一时的"俄罗斯式野蛮人服饰"的"浓烈的俄罗斯色彩：红色、橙色和绿色"。这些宽松的俄罗斯衬衫出现在几个系列中，皮草是这些"西伯利亚新奇事物"的必要装饰。《泰晤士报》继续报道，著名的雷德芬时装店尤其像圣彼得堡的前哨，门卫是一个高大的俄罗斯男孩，穿着本土服装……面色灿烂，穿着红衬衫和高筒靴，头戴一顶波斯羊毛做的哥萨克帽。女时装设计师保罗·波烈的设计反映了俄罗斯芭蕾舞团的亚洲倾向，她为巴黎客户设计了具有东方主义幻想的头巾、哈伦裤（灯笼裤）和飘浮的束腰外衣——灵感来自《舍赫拉查德》(*Sheherezade*)和斯特拉文斯基的《火鸟》(《舍赫拉查德》是里姆斯基-科萨科夫管弦乐组曲的芭蕾舞剧改编版，于1910年6月4日由俄罗斯芭蕾舞团在加尼叶歌剧院首演)。1912年，女设计师帕康夫人邀请芭蕾舞设计师里昂·巴克斯帮助她设计了一系列日间礼服，将俄罗斯风格从舞台带到巴黎街头。巴黎时装店的俄罗斯民间纺织品和手工制品（当然包括俄罗斯套娃）都非常火爆。

在俄罗斯芭蕾舞团来到巴黎之前，巴黎人对俄罗斯文化的热情已经持续了约10年，这大多应该归功于佳吉列夫和他身边的圈子。佳吉列夫的赞助人特尼希娃公主，是1900年巴黎世博会俄罗斯馆的幕后领导力量，该馆还包括建在塞纳河附近的巨大的、梦幻般的克里姆林宫。这是一个体验新西伯利亚大铁路虚拟旅程以及与实物一样大小的俄罗斯村庄的机会。城里的人都很兴奋，因为他们都是真正的俄国农民，留着真正的大胡子，穿着真正的工作服，他们来"建造"这个村庄，扮演活生生的角色。俄罗斯套娃也受其影响，还赢得了一枚设计铜牌。

1906年，佳吉列夫在巴黎举办了他的第一次展览，名为"两个世纪的俄罗斯绘画和雕塑"，作为秋季沙龙的一部分，这是一个前卫和进步艺术的年度展览。佳吉列夫向法国公众展示了750件作品，讲述了迄今为止俄罗斯艺术不为人知的故事。展览的成功使佳吉列夫成为巴黎的文化名人：据特尼希娃公主写给洛里奇的一封信称，他"现在正周旋于高端的社交圈"[5]。该社交圈包括格雷菲勒伯爵夫人，她是时尚潮流的引领者、马塞尔·普鲁斯特的缪斯女神，也是后来佳吉列夫在巴黎事业的支持者。正是在格雷菲勒的沙龙，佳吉列夫被介绍给剧院经理加布利埃尔·阿斯特吕克，他即将在巴黎开始他之后的所有俄罗斯季（只有一季除外），包括1913年的《春之祭》。

1906年展览的成功以及格雷菲勒伯爵夫人的赞助，使得佳吉列夫有勇气于次年在巴黎歌剧院组织开展一季五场的"俄罗斯音乐历史音乐会"。这些音乐会把俄罗斯音乐界的名人带到了巴黎：格拉祖诺夫、里姆斯基－科萨科夫和拉赫玛尼诺夫分别指挥了他们自己的音乐，拉赫玛尼诺夫也演奏了他最伟大的作品《第二钢琴协奏曲》。伟大的俄罗斯男低音费奥多·夏里亚宾在这些音乐会中被首次介绍给巴黎公众，他演唱了穆索尔斯基和鲍罗丁的作品。1908年5月，佳吉列夫雄心勃勃地制作了穆索尔斯基的歌剧《鲍里斯·戈杜诺夫》，夏里亚宾是其中的明星，这部歌剧试图在巴黎的舞台上重现16世纪的俄罗斯。歌剧在俄罗斯之外的加尼叶歌剧院的首演以卷入数百人的拥挤场面、华丽的服装和布景为特色，它们由俄罗斯艺术家格洛文和比利宾设计，并点缀着从特尼希娃公主的收藏品中发现的正宗民间艺术品，用伯努瓦的话说，就是在"圣彼得堡的鞑靼旧货商店"[6]里搜寻出来的。根据谢尔盖·利法尔的说法，整个巴黎为《鲍里斯·戈杜诺夫》而疯狂：

第40—41页图
亚历山大·鲍罗丁的《伊戈尔王子》序幕的布景设计，
康斯坦丁·柯罗文作。

俄罗斯灵魂的重塑　　39

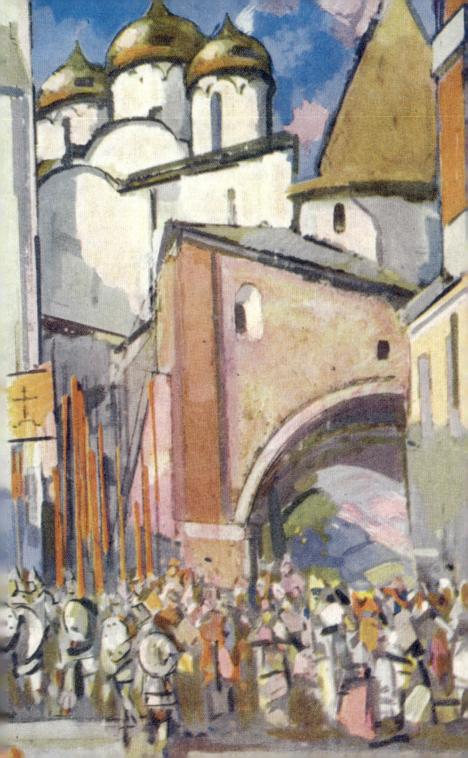

它对巴黎的影响是无法形容的。这部歌剧让一贯冷静、时髦的观众完全变了样。人们站在座位上，一边像被附体似的大叫，一边挥舞着手帕，以一种与欧洲人截然不同的无拘束的方式哭泣。欧洲已经把穆索尔斯基和他的《鲍里斯·戈杜诺夫》铭记在心！[7]

就在佳吉列夫有意识地为来自俄罗斯的艺术巨匠们招揽观众的同时，特尼希娃公主也在巴黎的女性中推进"俄罗斯狂热"。关于她收集和支持俄罗斯民间艺术和手工艺品的两个长篇报道出现在《伊周》（Femina）这本面向女性的尖端文化杂志上。1907年，她在卢浮宫举办了一场名为"俄罗斯装饰艺术"的展览，展出了她收藏的俄罗斯传统艺术和手工制品，从图符到农民服装。

1908年，《鲍里斯·戈杜诺夫》制作成功的一个重要因素是艺术的综合：最高水平的俄罗斯视觉艺术家与音乐家合作，创造出舞台布景与音乐兼具的壮观场面。芭蕾舞剧是终极的综合艺术形式，意识到芭蕾舞剧市场价值的佳吉列夫决定创建一个舞蹈团，并于1909年将其带到巴黎。他宣称："我已经在巴黎展示过俄罗斯的绘画、音乐和歌剧""芭蕾舞剧包含了所有这些元素"。"整体艺术"的观念、综合艺术作品与《艺术世界》的艺术家中的英雄理查德·瓦格纳联系在一起，但佳吉列夫成功地将其重塑为一个本质上是俄罗斯的概念，并且这也成了他的新俄罗斯芭蕾舞团的指导原则。1913年，《春之祭》首演后，评论家雅克·里维埃撰文说明了在综合艺术背后他看作原始的、神秘的尤其是俄罗斯思想融合的东西：

谁是《春之祭》的作者？是谁创造了它？尼金斯基、斯特拉文斯基还是洛里奇？我们无法回避的初级问题只有对像我们这样的西方人才有意义。对我们来说，每件事都是独立的：我们所有优秀的、有特色的作品都带有单一思想的印记。俄罗斯人的情况并非如此。虽然他们不能与我们交流，但他们有一种非凡的能力可以融合他们的灵魂，共同感受和思考同样的事情。他们的种族还太年轻，不能每个人都发展那些成千上万的小怪癖，那些微妙的个人沉默、那些薄而不可穿透的膜守护着有教养的心灵。[8]

佳吉列夫还没有权利在1909年的巴黎季成立一个永久性的舞蹈团，但回到圣彼得堡，他去了皇家芭蕾舞团寻找舞蹈演员，这些人非常乐意在假期兼职一个令人兴奋的新项目：报酬更高，他们可以去国外旅行，并且还能在排练室与巴克斯特、伯努瓦和洛里奇等画家和设计师交流。1909年5月，巴黎艺术杂志《喜剧》（*Comoedia*）的封面宣告了新的俄罗斯季，并用水彩画和金色颜料描绘了由里昂·巴克斯绘制并盛装打扮的首席芭蕾舞演员塔马拉·卡尔萨维娜肖像。这套服装以一种火鸟——金鸟为原型，这种金鸟来自1909年为了巴黎季而组合成的芭蕾舞组曲《飨宴》（*Le Festin*），组曲由里姆斯基－科萨科夫、格林卡、柴可夫斯基和格拉祖诺夫的音乐组成。佳吉列夫已经意识到巴黎观众想要全面的异国情调和俄罗斯人桀骜不驯的"奇异性"，他们对鲍罗丁《伊戈尔王》的"鞑靼舞曲"（Polovtsian Dances，又称波罗维茨舞曲）中的"奇异性"印象深刻，这部作品由福金编舞，并用了洛里奇描绘中亚大草原的色彩丰富的布景。维克多·塞洛夫生动地描述了这个充满阳刚之气的壮观场面：

> 仿佛要向文明的欧洲人展示真正的亚洲是什么样子，俄罗斯画家创造了一个舞台布景，其色彩如此奇妙，以至于没有什么具有壮丽的东方特色的、耳熟能详的寓言能够胜过舞台上呈现给观众的画面。除了背景和鲍罗丁那充满异域风情且强劲的音乐之外，一大群狂野的鞑靼人在舞台上跳舞，用他们拔出鞘的、在空中挥舞的弯刀相互跨越。以至于观众们在舞蹈结束时冲上前去，拆掉了管弦乐团的围栏，把表演者紧紧地搂在怀里，也显得不足为奇了。[9]

更让人兴奋的是，佳吉列夫让新一代的年轻首席舞者登上了巴黎舞台。这些人包括塔马拉·卡尔萨维娜和尼金斯基，他的体力和反重力跳跃——他似乎能够在半空中凝固——超越了以前的一切。但巴黎评论家们一致认为，1909年这一季没有任何音乐作品能与舞蹈和舞台设计的新鲜和创新相匹配。所有的音乐都是预先存在的；它是俄罗斯大师和二流作曲家的选段及改编的混合体，就《仙女们》而言，它是由俄罗斯作曲家格拉祖诺夫、利亚多夫和一个名叫伊戈尔·斯特拉文斯基的无名年轻人改编的肖邦钢琴作品的汇编。如果他们想继续给人留下深刻印象，佳吉列夫芭蕾舞团就必须为1910年那一季创作一部配有原创音乐的新芭蕾

里昂·巴克斯为《火鸟》设计的服装，1909年。

舞剧，一部顺应俄罗斯民族主义狂热浪潮的作品。这部作品就是《火鸟》。

《火鸟》将是《艺术世界》所推崇的完美的"整体艺术"。这个剧本由俄罗斯芭蕾舞团圈子里一群艺术家组成的委员会起草，他们的领头人是在人种学上一丝不苟的伯努瓦。该剧本是几个斯拉夫民间故事和反复出现的神话人物的混合体：邪恶的巫师卡谢伊，他威胁着年轻的女人，他是不朽的，除非藏在棺材中的含有他灵魂的鸡蛋被打碎；伊万·查雷维奇（伊万王子）是许多俄罗斯民间故事中的传奇英雄；以及火鸟本身：高贵、神奇且羽毛丰满，从遥远的大陆入侵了人类生活。编舞将由福金负责，奇幻的亚洲服装则由巴克斯特负责，丰富而精巧的布景将由格洛文负责，并将有一个新委托的乐谱。在他最终决定冒险去找27岁时就改编了肖邦作品的斯特拉文斯基之前，佳吉列夫在寻找与这些艺术家相匹配的作曲家上遇到几次挫折。这是一个大胆的举动，但佳吉列夫立即开始为他的新明星大力宣传，他向舞者们介绍说："好好记住斯特拉文斯基，他即将一鸣惊人。"他还确信，就《火鸟》的首演而言，艺术家、作家和音乐家们也纷纷加入富人和时尚人士的行列，与他们一起，热切地想了解一下佳吉列夫提议的与福金、伯努瓦、巴克斯特和格洛文平起平坐的年轻作曲家。斯特拉文斯基与福金密切合作，《火鸟》的创作仅用了六个月的时间，展现了作曲家在戏剧叙事技巧与绚丽管弦乐色彩上的娴熟技艺，以及对民间旋律的合理运用。《火鸟》的音乐有许多巴黎人熟悉的东西，

里昂·巴克斯为《火鸟》中的公主设计的服装，1910年。

他们在前几季听过穆索尔斯基和里姆斯基-科萨科夫的作品——事实上，斯特拉文斯基从他的老师那里借用了一些民间曲调与和声技巧*——但是，在民间曲调、舞蹈和华丽的管弦乐中，还闪耀着一缕现代的光芒。佳吉列夫的付出得到了回报，俄罗斯芭蕾舞团的使命终于完成了。

1910年6月25日，《火鸟》在镀金的巴黎加尼叶歌剧院的首演，一夜之间改变了斯特拉文斯基的生活。这位来自圣彼得堡的年轻作曲家被推入了感觉像是文化世界中心的地方：他记得他受到了包括萨拉·伯恩哈特、让·科克托、莫里斯·拉威尔、克劳德·德彪西、安德烈·纪德、社会名流格雷菲勒夫人和波利尼亚克公主的盛情款待。《火鸟》轰动一时的成功意味着他即将成为这个圈子中的一员，当想起那个时代的巴黎时，他的名字永远会被提到。编舞福金、设计师伯努瓦和格洛文已经被上一季的巴黎观众所熟悉，但斯特拉文斯基似乎是一个凭空而来的天才。《火鸟》首演之时是斯特拉文斯基成为国际人物的时刻，也是他与祖国俄罗斯永久分离的开始——尽管当时他还不知道这一点。当时，斯特拉文斯基对这一切都泰然处之。

继《火鸟》的成功后，佳吉列夫为了接下来的巴黎季第二次委托了斯特拉文斯基和福金。布景和服装再次由伯努瓦负责设计，

---

* 《火鸟》对里姆斯基-科萨科夫的一个显著借用是所谓的八声音阶（见第五章，第131页），用来表示卡谢伊的魔法。

亚历山大·伯努瓦在《彼得鲁什卡》中为芭蕾舞
女演员所设计的服装，1911年。

但《彼得鲁什卡》的俄罗斯性更切合实际，没有《火鸟》那异国情调的羽毛和东方气息。这是一幅生动的俄罗斯生活画面，描绘了圣彼得堡忏悔节集市的街景，有小贩、农民、奶妈、街头音乐家、一只表演节目的熊和一场木偶戏。与这个背景相对的是，讲述了悲剧性游乐场的反英雄人物彼得鲁什卡的故事（由尼金斯基担任舞蹈表演）以及他与公主、摩尔的致命三角恋，杂货交易市场的木偶人物被芭蕾舞剧中一个邪恶的木偶大师赋予了生命。音乐充满了民歌、街头歌曲、小贩的叫卖声和俄罗斯舞蹈——斯特拉文斯基童年时期的圣彼得堡之声，他甚至借用了一首流行的巴黎音乐厅歌曲《她有一条木腿》（*Elle Avit une jambe en bois*），这首歌是他在公寓下面街道上的手摇风琴上听到的。但在所有这些现实主义画面中，尤其是在与木偶悲剧有关的所谓"彼得鲁什卡和弦"的碎裂般的不和谐音中，蕴含着《春之祭》创新的种子。

* * * * * *

从梦境到首演：《春之祭》的制作

当我有一天正在圣彼得堡写《火鸟》最后几页时，我产生了一个转瞬即逝的异象，这使我感到十分惊讶，此刻我脑海里充满了别的东西。我在想象中看到了一个庄严的异教仪式：贤哲的长辈们围成一圈坐着，看着一个年轻的姑娘自己跳舞至死。他们用牺牲她来祭祀春天之神。[1]

在围绕《春之祭》的许多故事和神话中，也许最棘手的问题是这个想法最初来自何处。斯特拉文斯基声称他最著名的作品作为梦中一个完整的、详尽的幻象突然冒出来，经常为作曲家与真相关系不紧密的另一个例证。正如音乐学家理查德·塔鲁斯金令人难忘的话语："斯特拉文斯基花费他漫长一生的后半段讲关于他的前半生的谎言。"[2]

但是，塔鲁斯金其实也承认，对于1910年圣彼得堡的年轻艺术家而言，这个梦并非没有实现的可能，当时圣彼得堡的空气中充满了创作与俄罗斯的遥远过去相联系的新的现代艺术的想法，这些想法在艺术上硕果累累，同时极具出口价值。当所谓的梦境发生时，《火鸟》将由俄罗斯芭蕾舞团在巴黎上演，它是俄罗斯奇幻版本的魔术和民间故事珠光宝气的呈现，伴以斯特拉文斯基的老师里姆斯基-科萨科夫将会认识到的色彩丰富的音乐。斯特拉文斯基对旧俄罗斯的新梦想近乎是黑暗的，更深入地达到了古代的、考古学上的过去。

斯特拉文斯基关于梦的故事受到一位艺术家的激烈抗议，在出版的乐谱上以及所有那个时代的新闻广告和节目中，这位艺术家被平等地看作斯特拉文斯基的共同创作者：画家、考古学家、《艺术世界》圈子的重要人物——尼古拉斯·洛里奇。洛里奇一生都声称《春之祭》的想法完全源于他。这是他对这件事的看法：

> 我不知道斯特拉文斯基曾经做过什么梦，或者他什么时候做过梦，但是这却是事实：1909年斯特拉文斯基来看我，提出一起创作一部芭蕾舞剧。经过深思熟虑后，我给了他两部芭蕾舞剧，一部为《春之祭》，另一部为《对弈》(*A Game of Chess*)。[3]

显然，如果洛里奇版本的故事值得相信，1910年的斯特拉文斯基几乎不可能创作出《对弈》，因为他醉心于俄国文化和民间传说。但它诱人地预示了后来由斯特拉文斯基与乔治·巴兰钦四分之一世纪之后在纽约而作的芭蕾舞剧《扑克游戏》(*Game of Cards*)。

可预见的是，《春之祭》起源的真相可能介于斯特拉文斯基和洛里奇相互冲突的版本之间，看看这位作曲家谈到创作灵感时说了什么，能说明问题。1912年12月，正当斯特拉文斯基在瑞士克拉伦斯的一个旅店最后润色《春之祭》总谱时，他在一封给记者朋友尼克莱·芬代森的信中，以更温和的方式谈到了他创作新舞剧的灵感，并给它取了一个令人回味的俄罗斯名字：

> 第一次考虑我的新舞剧《春之祭》(*Vesna svyashchennaya*) 正

好是1910年春天快要完成《火鸟》之际。我想与尼古拉斯·洛里奇共同创作脚本，除了他还有谁能够帮助我？还有谁了解我们的祖先对大地亲密感情的秘密呢？我们几天就把脚本写好了。[4]

如果斯特拉文斯基有了根据古代俄罗斯人对大地的情感而创作舞剧的想法，那他当时确实找对了人。洛里奇能够立刻写出细节，并给予这个设想以色彩、形式和历史的精确性，因为他本人已经沉浸在这些观念里，这一点斯特拉文斯基应该明白。在与斯特拉文斯基合作之前的十年里，洛里奇的画作就充满了前基督教时期的斯拉夫文明，它们明亮而扁平化的色彩选择可以让观众想象洛里奇所认为的更简单而纯粹的时代。早在1901年，洛里奇创作了一幅他称之为《偶像》(*The Idols*) 的油画，在这幅画中，一圈图腾柱和顶端有马头骨的木柱，标示出一处斯拉夫异教仪式或献祭之所。洛里奇谈到《偶像》时说："它是强壮的、栩栩如生的，其中没有戏剧性，没有感伤，但有一种强劲的异教徒情绪。"[5]这可能就是斯特拉文斯基十年后谈到的它的异教徒芭蕾舞剧时所说的："《春之祭》中根本没有自我反省的空间。"[6]

可以在洛里奇的作品中看到一个甚至更接近《春之祭》世界的幻象：他被发现于1908年的文章《艺术中的欢乐》(*Joy in Art*)中展现了生动的异教徒仪式，这篇文章写于斯特拉文斯基声称的梦境的前两年。在这里，他想到了艺术本身的诞生——很自然地从一群人的风俗习惯而来：

一个节日。让它成为一直庆祝春天太阳之胜利的节日。他们在森林里待上很长时间，欣赏树的颜色；他们会用第一批药草做成芬芳的花环，用来装扮自己。想被人喜爱时，他们就跳急速的舞蹈。他们会用骨质与木质的号角和管子吹奏，各种服装混合在人群中，服装上布满毛皮边和编织色。漂亮的柳条和皮鞋将出现，霍罗沃德舞（传统的圆圈舞）会闪烁着琥珀吊坠、标签、石珠和牙齿制成的护身符。人们会欣喜，艺术从他们中间开始。[7]

事后看来，洛里奇的描述读起来像是带有完整的音乐、舞蹈、服装和道具的《春之祭》被搬上舞台五年前的开场。但它也与斯特拉文斯基当时对戏剧和舞蹈的快速多变的想法一致。他对戏剧和运动的新理论感到兴奋，特别是德国舞台导演格奥尔格·福克斯最近的著作。福克斯在《剧院革命》（Revolution in the Theatre）一书中提出了反自然主义的、仪式性的戏剧类型，与古老的节日和集体仪式联系在一起，模糊了观众和舞台之间的边界。斯特拉文斯基的前两部芭蕾舞剧《火鸟》和《彼得鲁什卡》通过角色和戏剧情节讲故事，他已经知道新作品将会不同。编舞将由舞台上的群体运动所主导，强调组织和团体，而非个人角色。新芭蕾舞剧不会讲述仪式的故事，它本身就是那种仪式。[8]

这个暂定名为"伟大的牺牲"（The Great Sacrifice）的新项目，大概是在斯特拉文斯基与俄罗斯芭蕾舞团于巴黎上演《火鸟》大获成功时的1910年夏天首次进行了讨论。在那个阶段，"伟大的牺牲"中的创意玩家是斯特拉文斯基、洛里奇和福金，福金是《火鸟》的编舞和俄罗斯芭蕾舞团的首席编舞。他们正在制作一个场景的开头，洛里奇向《彼得堡公报》(*Petersburg Gazette*) 提供了以下概要，也首次尝试了描述这部新作品：

> 这一行动发生在黎明前的圣山顶上。它从一个夏夜开始，结束在第一道光线出现时的日出之前。这部作品将首次尝试在没有特定戏剧情节的情况下对古代进行再创造。[9]

很明显，佳吉列夫——这位俄罗斯芭蕾舞团中集所有想法与合作事务于一身的主人——既没有参与提出舞剧的理念，也没有参与这个新项目最初的创造性讨论，他对此不是很满意。《火鸟》的首演之后，斯特拉文斯基在巴黎写信给他的合作伙伴洛里奇：

> 《火鸟》的成功自然激励了佳吉列夫未来的项目，我们迟早得告诉他关于"伟大的牺牲"的事。事实上，他已经让我创作一部新的芭蕾舞剧。我说我正在创作一部目前还不希望谈论的芭蕾舞剧，正如我猜测的那样，这引起了一场爆发。"什么？你连我都隐瞒，我为你们所有人竭尽所能。福金，你，每个人都瞒着我！"[10]

即便佳吉列夫心中充满不快，他作为制作人和经理的直觉也定能很快让他觉察到"伟大的牺牲"中所涉及的观念和个性的结合，能极大程度地实现俄罗斯芭蕾舞团在欧洲各大城市中已经闻名的那些东西：一种时尚的俄罗斯异国情调和先锋现代性的炼金术般的结合。他支持这个项目，并计划在1912年的巴黎季进行首演。与此同时，《火鸟》之后的那个假期，斯特拉文斯基带着他的妻子和三个孩子从巴黎来到了繁忙的拉波勒布列塔尼的海边胜地，他写道，这里挤满了各个年龄段的孩子。他在这里散步，并与家人在海中游泳，但他的脑子依然在寻思着新项目。他在波罗海滨假日中的海哈普萨旅游胜地也写信给洛里奇："我急于知道消息，请写清楚你的地址，因为我不知道在哪里可以找到你，对于我们将来的孩子，我有很多话要说。"他在附言中以鼓励的方式说："我已经开始勾画'伟大的牺牲'了。你有没有为此做过什么？"[11]

然而，形势很快发生了变化。斯特拉文斯基携家人去瑞士过冬，被一个让他感兴趣的新项目——芭蕾舞剧《彼得鲁什卡》分心了。其首演定于1911年的俄罗斯芭蕾舞剧季，由尼金斯基担任主角，斯特拉文斯基因此中断了他的工作。他通过伯努瓦向洛里奇发出一条道歉信息：

> 他（洛里奇）不必生气，因为我从来没有打算把"伟大的牺牲"延后，只要完成《彼得鲁什卡》我就会创作它。无论如何，我不可能在4月之前完成"伟大的牺牲"，这是佳吉列夫给我的"死线"。[12]

《彼得鲁什卡》于1911年6月刚在巴黎首演完，斯特拉文斯基就敦促洛里奇重新启动"伟大的牺牲"。他写道："我觉得我们必须当面决定每一个细节，特别是每一个表演问题。我期待在秋天开始作曲，在健康允许的情况下，我希望能在春天完成它。"[13] 对他们来说，哪里能比在塔拉什基诺庄园见面并策划他们古老的俄罗斯仪式更理想呢？这个庄园在斯摩棱斯克附近的艺术家聚集地，由开明的艺术赞助人特尼希娃公主创建。在这里，在俄罗斯复兴运动的神经中枢之一，两位艺术家能够呼吸真正的古代俄罗斯气息。当他从自己的乌斯蒂鲁格乡村庄园乘坐长途火车到达塔拉什基诺后，斯特拉文斯基与洛里奇被安排在一个"色彩缤纷的、童话般的房子"中，这是公主以夸张的俄罗斯风格建造的塔拉什基诺的几座建筑物之一。为了增加气氛，他描述正在被几位穿白色服装并着红色腰带和黑色靴子的仆人等待。[14] 在庄园周围，作曲家会遇到由他的合作者洛里奇设计的西古提主题的家具和墙饰，用庄园上制作的植物染料并遵照传统方法进行着色。最引人注目的是圣灵降临教堂，它是一座新近建造的、精致的俄罗斯幻想作品，洛里奇设计了外部的马赛克和一幅名为《生命之河的天后》（*The Descent of the Holy Spirit*）的神秘祭坛画。塔拉什基诺的其中一位嘉宾是乡村歌手和古斯里*表演者谢尔盖·科洛索夫，他在晚上自弹自唱民歌。在这片创作的沃土中，两位艺术家开始着手实施这个伟大的计划。斯特拉文斯基称洛里奇在这次会面中开始勾勒他的芭蕾舞剧舞台布景，并开始进行服装设计，灵感来自公主收藏的一些农民服装。重中之重是要在芭蕾的脚本、情绪、布景、形

---

* gusli，东斯拉夫最古老的多弦弹拨乐器，属于古筝家族，因为它的琴弦与共鸣板平行。——译者注

状、形式和长度上达成一致。这可以给斯特拉文斯基下一年的音乐创作提供至关重要的框架。斯特拉文斯基说："我着手与洛里奇一起工作，行动计划和舞蹈的标题在几天时间里就被敲定了。"[15]

我们知道，当洛里奇到达塔拉什基诺时就已经有了一个带有古代春天节日场景的方案的雏形，早在他三年前的《艺术中的欢乐》中就得到了生动描绘。学者们推测了洛里奇对春天仪式想象的可能来源。阿凡纳谢耶夫在他1869年的著作《斯拉夫人对自然的诗意展望》（*The Poetic Outlook of the Slavs on Nature*）一书中描述了一个纪念春神雅里洛的节日，除了白马，该节日还包含了最终出现在《春之祭》舞台上的许多元素：一群少女，一个被选中的女孩，霍罗沃德舞*和一群观望的长老：

> 为了纪念雅里洛，白俄罗斯人庆祝第一个播种季（4月底），少女们这时在村庄中被包围起来，其中一个被选中，她被装扮成民间想象中的逼真的雅里洛的样子，坐在一匹白马上。围成一圈的人绕着被选中的少女跳霍罗沃德舞。所有参加仪式的人都必须戴上花环。如果天气温暖而晴朗，仪式会在露天场地达到高潮，在有长老参加的新播种的玉米田里达到高潮。

在阿法纳西耶夫、洛里奇或任何其他古斯拉夫人的年代史编者所描述的所有春天仪式中，缺少斯特拉文斯基关于死亡之舞的

---

* khorovods，一种古代斯拉夫舞蹈，传统还伴有歌唱。

设想。没有证据表明人类的牺牲是古俄罗斯仪式的一部分，但这对于作曲家来说，似乎是一个不可抗拒的想法，作曲家对于什么能够在戏剧和音乐中产生影响有一种精准的感觉。这种表演上的扭曲很可能最终成为斯特拉文斯基对《春之祭》戏剧上的独特贡献。对于一部芭蕾舞剧来说，还有什么比死亡之舞更壮观、更极致、更现代的高潮呢？

在塔拉什基诺期间，斯特拉文斯基和洛里奇一致同意他们的仪式大约为半小时，并将其分为两个平衡的场景，第一场在黎明，第二场在夜晚。第一场将由七支舞蹈组成，第二场将有五支，并且每场以一个专门为管弦乐团写的引子作为开始，在此期间，帷幕将会下降。在塔拉什基诺会议之后的几个月里，斯特拉文斯基和洛里奇在特尼希娃公主童话般的房子中分别阐述了他们的决定。他们可能强调了作品的不同方面，但他们的说法大体一致，下面尝试对他们所说和所写的脚本进行提炼：

第一部分：

大地崇拜

（或者用俄语表述为亲吻大地）

第一场把我们带到圣山脚下，在绿色的田野里，斯拉夫部落为他们春天的游戏聚集在一起。管弦乐的引子由一组簧管吹出，有一个穿着松鼠皮的老巫师进行占卜，通过树枝占卜，在地上寻找春天来临的迹象；男人们玩绑架妻子的游戏；出现了春天的霍罗沃德舞和一个敌对部落的游戏。最后，最重要的时刻到来了：他们从村里带来了最年长、最聪明的圣人，他把自己的神圣之吻留在开满鲜花的大地上。第一部分以大地之上的狂野踩脚舞结束，人们为春天而沉醉。

第二部分：献祭

在这个生动的大地欢庆之后，我们在第二场中走进一个神秘之地。少女们夜间在神圣的山丘上进行神秘游戏和仪式。其中一位少女注定要被献祭。她徘徊在一个没有出口的石头迷宫中，剩下的少女以喧闹的尚武之舞赞美选中的少女。然后长老进入；因为熊被认为是人类的祖先，所以他们穿着熊皮。他们把受害者交给太阳神雅里洛。被选中的那位独自面对长老，跳起她最后的"神圣之舞"——伟大的牺牲。首领见证了她最后的舞蹈。[16]

除了一些小的顺序调整，从塔拉什基诺会议到1913年5月的巴黎首演，这个版本基本没有变化。这部芭蕾舞剧的外形是固定的。还有一项重大决定是在塔拉什基诺做的。作品的标题"伟大的牺牲"被摒弃，迄今为止被称为"春之祭"。

在斯特拉文斯基离开塔拉什基诺之前，公主特尼希娃坚持要他在自己住过的色彩缤纷的宾馆的彩绘横梁上写若干小节音乐。[17]我们永远不会知道他写的是什么，因为革命后，许多塔拉什基诺建筑被破坏或销毁了。但我们的确知道斯特拉文斯基丰富多彩的原始体验尚未结束。在返回乌斯蒂鲁格的火车上，斯特拉文斯基断断续续描述道：

> 我因此贿赂了一个货运列车司机，让我驾着一辆牛车，尽管我独自一人驾着一头公牛！公牛被一条不那么令人放心的绳索拉着，当它怒目而视、流着口水时，我开始用我的小行李箱挡住自己。我一定看上去很奇怪……当我带着我昂贵的（至少不像是流浪汉的）手提包、弹了下我的衣服和帽子走出那场斗牛时，我一定看起来松了一口气。[18]

带着在塔拉什基诺达成一致的所有重大艺术问题，斯特拉文斯基要在最终坐下来创作《春之祭》之前解决商业问题，所以他很快回到火车上。这次他去了捷克温泉小镇卡尔斯巴德，在那里他遇到了佳吉列夫并签了一份4000卢布的劳务合同。之后他又去柏林与他的出版商达成了《春之祭》合约，然后回到他在乌斯蒂鲁格的庄园，在去日内瓦湖东岸的克拉伦斯度过冬天之前，开始了收拾家务的重大任务。他相信他的妻子和孩子脆弱的肺会受益于干净的山间空气，并使他自己能够安心和专注，开始认真地创作新的芭蕾舞剧。但是，他的脑中显然已经充满各种想法，他迫不及待地想要去瑞士。在离开乌斯蒂鲁格的前一周，他写信给洛里奇：

> 我已经开始创作，大致写出了为管乐（dudki）演奏的引子和

热情与兴奋的"树枝占卜"音乐。新颖的音乐流出。身着松鼠毛皮的老妇人的画面印在我脑海里。当我创作"树枝占卜"音乐时，她不断在我眼前闪现：我看到她在人群前面奔跑，有时阻止他们，打断节奏的流动。[19]

　　在这封信中，我们看到斯特拉文斯基已经投入到作品前两部分的创作中，我们听到的第一个暗示是，他觉得《春之祭》正在涉足非常新的东西。我们还看到他与洛里奇达成一致的方案，在多大程度上细致地指导了他所创作的音乐。在后来的生活中，斯特拉文斯基试图与《春之祭》中的任何情节或方案保持距离。甚至早在1912年10月，他就对记者说这不是芭蕾舞剧，而"仅是由两个部分组成的幻想曲，像交响乐的两个乐章的交响曲"[20]。因此，甚至在斯特拉文斯基完成这部作品之前，他就把精明的商业眼光投向了音乐厅中的未来生活。但是从他当时对朋友与合作者所说的话，以及从他为《春之祭》绘制的草稿来看，很明显他爆炸性音乐的起点是史前图景、古代仪式和在塔拉什基诺庄园与洛里奇策划的神话人物。

　　在1911年10月初，随着《春之祭》最初的音符落定纸端，斯特拉文斯基一家入住了可以俯瞰日内瓦湖的普通旅馆迪勒斯。一家人住在一楼的一套公寓里，公寓很快就变成"他们自己的"。斯特拉文斯基的传记作家史蒂芬·沃尔什讲述了一直在搬家的斯特拉文斯基一家如何"用悬垂物和窗帘、版画、装饰品、钟表、家庭照片甚至还有小家具把他们的度假公寓改造成俄罗斯布尔乔亚碎片的习惯"。斯特拉文斯基的儿子西奥多后来描述了这种方法，这将在斯特拉文斯基晚年因革命和战争而遭受的流离失所中很好地为他服务："每次我们搬家几周，父亲总是设法给实际短暂停留的地方营造出永久居住的气氛，终其一生，无论他身在何处，总是沉浸在自己所制造的氛围中。"[21]

　　他把自己的氛围延伸到了自己的工作室。在1965年哥伦比亚广播公司（CBS）的纪录片中，82岁的斯特拉文斯基与摄制组再次参观了迪勒斯旅馆，并自豪地打开了房门，自称"在这里创作了《春之祭》"。[22]创作间位于家庭公寓下面，单独出租给他，作为他写新芭蕾舞剧的工作间。房间很小——斯特拉文斯基后来将其描述为："八英尺乘八英尺的储藏室……仅有的家具是一架我一直保持弱音的小型立式钢琴、一张桌子和两把椅子。"无论走到哪里，斯特拉文斯基的创作桌都是一样的。他的一个朋友兼未来合作者查尔斯·费迪南德·拉穆兹，将典型的斯特拉文斯基的创作桌与外科医生的工作桌进行了比较：一排精心排列的各种颜色的墨水瓶，一排根据型号和大小排列的橡皮，一排发光的金属工具——尺子、剃须刀、刀具以及斯特拉文斯基自己发明的工具——一个带微型轮子的小装置，旨在绘制五线谱的五条平行线。从那时期他的一张照片可以看出，原本如同外科医生手术桌一般的创作桌，样貌被一些家庭照片和一瓶花柔化了。

第66—67页图
斯特拉文斯基在他的创作桌边。

钢琴也是斯特拉文斯基创作室的永久固定装置。如果有些作曲家直接在纸上进行创作，只是在钢琴上检查一下细节，那么斯特拉文斯基从一开始就是通过找出键盘上的声音和节奏来创作他的音乐，然后才写下来。"我需要感受音乐的物质性（physicality）。"他在后来的电视采访中说道——在他创作一部试图发现大地古老节奏的芭蕾舞剧时，还有哪些地方比这更重要呢？

斯特拉文斯基的"死线"是 1912 年 5 月下旬——俄罗斯芭蕾舞团巴黎演出季尾声，他要在这之前创作出可以用来表演的作品。1911 年整个冬天至 1912 年春季，他在克拉伦斯的小房间里快速而紧张地工作，其工作的速度和强度被他本人和其他人看作近乎奇迹。通过观察斯特拉文斯基写满《春之祭》草稿的笔记本，可以揭示出他在创作过程中的一些东西。便条纸很普通，斯特拉文斯基只制作了他需要记住的音乐片段的五线谱。片段是彼此分离的，页面上显示的就像是可以切开并四处移动的漂浮岛屿或楼房。有时这些片段只包含一个音乐片段——一种和弦的缩略图、一条旋律线、一种节奏模式；有时整页都填满了管弦乐总谱的扩展段落。草稿整洁而详细，斯特拉文斯基使用彩色墨水和铅笔来整理它们：用两种不同类型的黑墨水，以及绿墨水和红墨水。整个草稿都有俄语注释，讲述了他在塔拉什基诺与洛里奇达成一致的戏剧性场景："部落""祖先的行动"或者"在这里，献祭舞开始"；其中有些标题是用铅笔轻轻勾勒的；有一个标题是用黑墨水书写的书法字体西里尔字母（古斯拉夫语字母）在页面顶部郑重其事地标示出来。有一处是用粗蓝铅笔画的巨大箭头，指示音块应该从页面上的一个位置移动到另一个位置。也有一些用俄语草草记下的提醒他自己的注释："别忘了以八度来配置木管乐器"，以及更重要的，"《春之祭》的结尾"是很小的一个铅笔注释，隐藏在其中一页的边缘，紧接着管弦乐高潮的音乐片段。

尽管《春之祭》最终定稿前，那个特定的管弦乐高潮经历了几次变化，但成品里的音乐是如何从草稿本中破碎的音乐片段中生动地、可识别地闪耀而出的，这本身就不同寻常。在第一页，我们就可以清晰无误地看到干脆而不协和的和弦轮廓，它结合着精心设计的不规则踩踏节奏，贯穿在芭蕾舞剧的第一支舞曲"春之预兆"中奏响。在一个单独片段中，斯特拉文斯基写出了民谣般的旋律，该旋律最终将到达它的顶部。从画在页面其他地方的微小音乐片段中，我们看到了该部分精心设计的和声、节奏和旋律的乐思，所有这些构成了这部分最终的样子。从页面的一个角上，作曲家用红色墨水画了一个微小的草图——标明了斯特拉文斯基最终可能会在这里使用的乐器。这些早期工作不像我们在贝多芬的草稿中所看到的那样费力而折磨人，而是一套准备好被安排、组装和配置的组件，以形成最终的完整作品。这本草稿已经以某种方式表达了这个故事，即《春之祭》创作是某种奇迹，它

第70—71页图
《春之祭》草稿，1912年，斯特拉文斯基宣布他在可怕的牙疼中完成了《春之祭》。

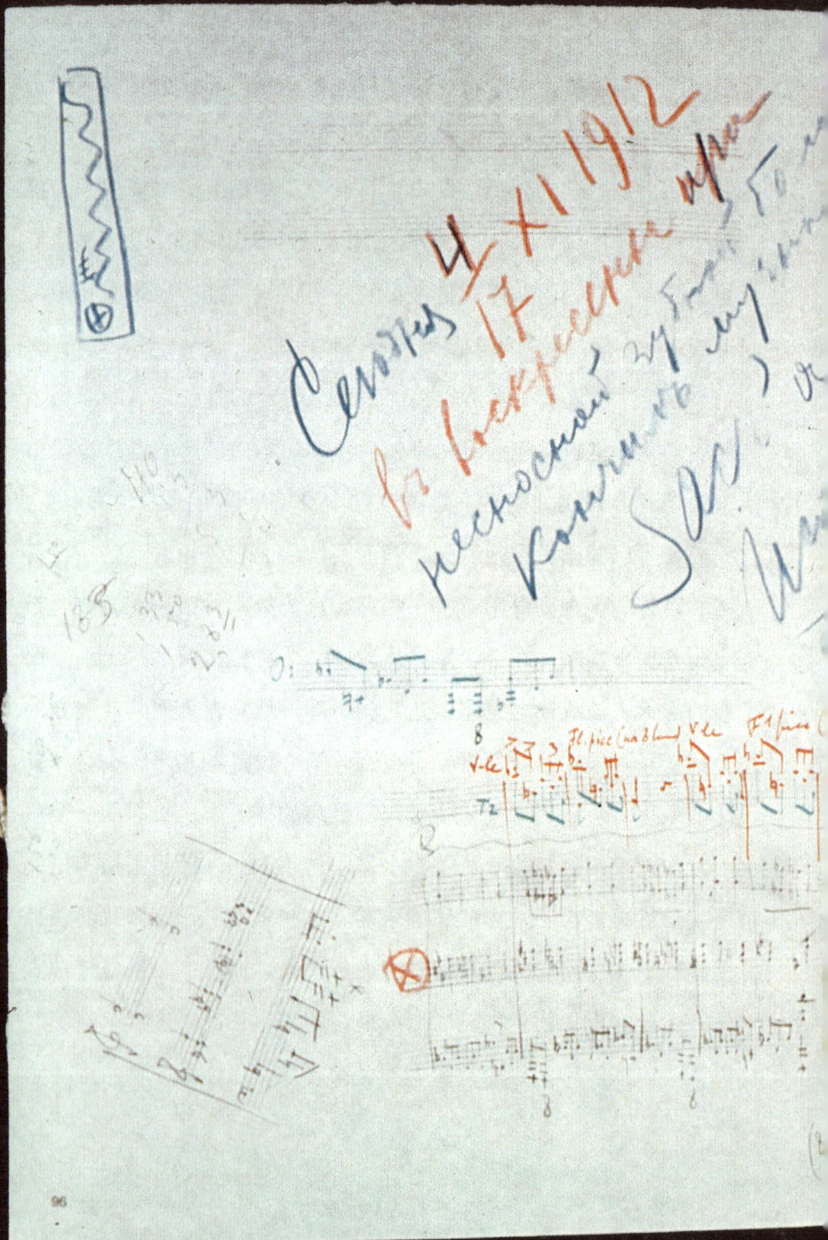
Сегодня 4 XI 1912
17
96

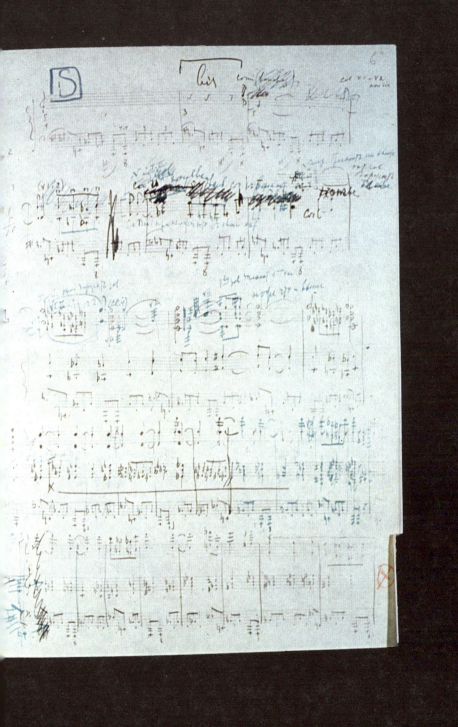

在斯特拉文斯基那儿完全成形,从无到有、从天而降,宛若在梦中形成。更可能的解释是,当斯特拉文斯基在瑞士旅馆猛烈敲打弱音钢琴时,他的音乐奇迹中所有细致而费力的工作就已经完成了,用他的灵感和汗水。

1911年11月中旬,斯特拉文斯基在克拉伦斯进行了约六个星期的紧张工作后,前往巴黎休养了几天。当佳吉列夫听到旅行风声的时候,他本人从伦敦前往巴黎,并建议用乐器试奏一下这部新芭蕾舞剧已完成的部分。在佳吉列夫这位机敏的公关人员围绕《春之祭》建立起期待和热闹氛围时,这部作品开始了精心安排的第一次预演。于是,在俄罗斯芭蕾舞团女赞助人米西亚·爱德华兹的巴黎沙龙上,斯特拉文斯基向佳吉列夫和包括作曲家莫里斯·拉威尔、莫里斯·德拉热和弗洛朗·施米特在内的一个小团体演示了他创作的作品。当回到克拉伦斯时他写信给伯努瓦道:"每个人都非常喜欢它。"

斯特拉文斯基无疑受到了巴黎那边积极回应的鼓舞,当他带着完成芭蕾舞剧上半部由冬天进入春天的时候,工作速度似乎在加快。1912年3月6日,他能够写信给洛里奇了:

> 关于我们孩子的几句话。一周前,我全部完成了上半场,不仅是音乐,还包括乐队谱。尽管两个部分的持续时间大致相等,但就工作量而言上半场占了整个作品的四分之三,因为它完全由疯狂的节奏组成,因此涉及很多文书工作。我认为简短的春天节

奏的秘密已向我显现，我在与作品主人公们产生的深刻共鸣中感受到了它们。[23]

实际上，当斯特拉文斯基写这封信的时候，他已经开始创作芭蕾舞剧的后半部分了，并且充分意识到这部作品对他来说是一个巨大飞跃。在给洛里奇写信的第二天，他给朋友安德烈·里姆斯基·科萨科夫写信："我的天哪，听到它将是多么高兴……自从我写《火鸟》以来，似乎过去了不止两年，而是已经过去了二十年。"[24]

同时，俄罗斯芭蕾舞团已到蒙特卡洛进行1912年演出季的彩排。急于得知新芭蕾舞剧最新进展的佳吉列夫，派人去请斯特拉文斯基，斯特拉文斯基中断了他的工作，从日内瓦湖坐火车到了地中海。作曲家在那儿得知《春之祭》的演出要推迟到下一季。他还在佳吉列夫和尼金斯基面前演奏了他迄今为止完成的音乐。他写信给他的母亲（他俩都非常喜欢它），同时也在给伯努瓦的信中坦承："佳吉列夫对我的神圣灵感很困惑。这是我与生俱来的东西！"

意味深长的是佳吉列夫已经邀请尼金斯基而非福金来聆听这部新作品的乐器演示。福金是俄罗斯芭蕾舞团的首席编舞，他一直以来都打算把《春之祭》搬上舞台。但是，尽管福金在《火鸟》和《彼得鲁什卡》的演出中取得了巨大成功，但斯特拉文斯基已经对他的编舞作品感到厌倦，觉得他不会适应这种新型音乐所要求的创新。当时佳吉列夫的情人尼金斯基正在与演出团进行编舞处女作《牧神午后》（*L'Après-midi d'un faune*）的彩排。佳吉列夫的直觉告诉他，《牧神午后》将因恶名而成功，不可避免的是，不久之后将由尼金斯基而不是福金来表演斯特拉文斯基的这部新作品。与福金的分歧是令人痛苦的，他于同年6月从芭蕾舞团辞职。

一个月后，斯特拉文斯基回到蒙特卡洛，在那里他可以将《春之祭》的音乐演奏给艺术团队最后一位成员皮埃尔·蒙都听，他将要指挥这部作品的首演。蒙都听到音乐的第一反应现已成为《春之祭》神话的一部分。

在只有佳吉列夫和我本人作为听众的情况下，斯特拉文斯基坐下来弹奏了整个乐谱的钢琴缩谱。在他还没有太离谱之前，我已经确信他疯了。没有管弦乐团的色彩（这是其最大的不同之一），节奏的粗野被强调，鲜明的原始性得以凸显。当斯特拉文斯基猛击、不时跺脚并上下跳动以强调音乐的力量时，墙壁产生了回响。[25]

斯特拉文斯基从1912年"死线"的紧迫压力中解脱出来，并且已经有了《春之祭》的很大一部分内容，他终于有时间跟随俄罗斯芭蕾舞团前往巴黎。在那里他参加了《牧神午后》的首演——佳吉列夫得到了他预料中的恶名——几天后，斯特拉文斯基向包括《牧神午后》的作曲家德彪西在内的一群朋友演示了他已经完成的部分《春之祭》。德彪西后来写道："我仍然保留着你在拉罗瓦家表演的《春之祭》的记忆……它像一个美丽的噩梦一样萦绕着我，我徒劳地尝试找回它带给我的恐怖印象。我像一个被许诺了糖果的贪婪孩子，期待着它的创作。"[26] 尽管这是相当不错的称赞，但德彪西一直与《春之祭》保持着复杂的关系，私下里调侃它是"具有所有现代化便利设施的原始音乐"。[27]

6月，斯特拉文斯基回到了他在乌斯蒂鲁格的家，他在那里为《春之祭》努力工作，但一直坐立不安，很快他又搬家了，于8月前往拜罗伊特瓦格纳音乐节，见了佳吉列夫，并观看了《帕西法尔》(Parsifal) 的演出。10月初，他半个世纪后最后一次访问故乡圣彼得堡。10月末，他将全家搬回克拉伦斯过冬，这次选择了查特拉尔旅馆。最终，在返回瑞士一个月后，斯特拉文斯基在速写簿上用蓝色和红色铅笔组合的大写字母写道："今天，1912年11月17日，星期天，伴随着牙疼难忍，我完成了《春之祭》的音乐。——伊戈尔·斯特拉文斯基，于克拉伦斯的查特拉尔旅馆。"在配器方面依然有工作要做，随后的几天他在去参加俄罗斯芭蕾舞团《火鸟》和《彼得鲁什卡》演出的火车上继续工作。总之，《春之祭》的音乐已经算完成了。

斯特拉文斯基很沮丧，因为在尼金斯基开始与舞者们进行《春之祭》彩排前，他不得不离开柏林。但是当他回到克拉伦斯时，他高兴地发现洛里奇送来了已经完成的、按塔拉什基诺形成的最初想法拟定的服装设计，并直接回信："我很高兴你将它们首先送给我，以便我能看到——它们是一个真正的奇迹，我只希望它们能很好地付诸实现。"暗示他知道缺乏经验的尼金斯基面对他时所面临的巨大挑战，他补充说："我多么希望尼金斯基有足够的时间排练《春之祭》。它非常复杂，我感觉必须像做没做过的事情那样来完成它。"[28]

佳吉列夫意识到，尼金斯基确实需要帮助，来理解斯特拉文斯基音乐前所未有的复杂性。他听说过瑞士作曲家、音乐教育家埃米尔·雅克-达尔克罗兹的工作，他的体态律动（Eurhythmics）方法旨在通过身体运动来教授音乐原理。佳吉列夫相信体态律动可能是斯特拉文斯基的音乐所要求的新型编舞的关键，因此他带尼金斯基访问了位于德累斯顿附近的花园城市，赫勒劳的先进艺术社区的达尔克罗兹总部。达尔克罗兹的助手之一，24岁的波兰舞蹈家兼音乐家米里娅姆·兰格描述了这对衣着优雅的俄罗斯人是如何给人留下深刻印象的：他们站着观摩一节课，佳吉列夫举止悠闲，如贵族一般；尼金斯基拥有白皙的肤色与浅褐色的眼睛，"略微向上倾斜"[29]。第二天，让兰贝格惊讶的是她被叫来会见佳吉列夫，后者在达尔克罗兹的建议下，邀请她参加俄罗斯芭蕾舞团的巡回演出，从事一些"特殊工作"。兰贝格在布达佩斯加入了芭蕾舞团，并凭借她的音乐训练和舞蹈知识，很快成为新芭蕾舞剧彩排过程中不可或缺的一分子。大约这时，她更名为玛丽·兰伯特，伴随着这个名字，她在生命的晚些时候成为英国现代舞中产生巨大影响的人物。

该芭蕾舞团在欧洲各地巡演——柏林、布达佩斯、维也纳、弗罗茨瓦夫、莱比锡、蒙特卡洛，并按照表演时间表安排了新作品的排练，每个城市只有几天时间。尼金斯基在芭蕾舞团的剧目中扮演主要角色，并为《春之祭》和他的新的德彪西芭蕾舞剧《嬉戏》（*Jeux*）做准备，因此他倍感压力。但是即使在压力下，他也没有忘记这部芭蕾舞剧是新奇而重要的。1913年1月25日，他在莱比锡写信给斯特拉文斯基，报告了彩排的良好进展："伊戈尔，如果工作像这样继续下去，结果一定会很棒。"[30]

玛丽·兰伯特，未来的兰伯特芭蕾舞团创始人，拍摄于1925年。

但排练室里充满了紧张气氛，许多舞者对尼金斯基的做法怀有敌意。该团的芭蕾舞大师谢尔盖·格里戈里耶夫是被罢免的福金的盟友，几乎不支持尼金斯基。"'舞者们'几乎对尼金斯基的编创毫无兴趣，该编创几乎完全由节奏性的重踏组成，没有任何其他动作。解决分歧并保持编舞者与芭蕾舞团之间的和平是我的微妙职责。我竭尽全力地通过排练福金过去的一些芭蕾舞剧来维持士气，以此作为缓和。"[31]玛丽·兰伯特坚定地站在尼金斯基这边，并且相信他的《春之祭》幻象完全是独创而激动人心的，但她承认他的工作方法激怒了舞者，而且让他们筋疲力尽。福金的舞蹈允许两个芭蕾舞姿之间具有流动性和自然性，但尼金斯基想控制每一个动作。乐曲的每个音符都有一个步态，舞者身体的每个部分都处在规定之中。这种方法意味着排练的速度非常缓慢。而且，让事情更糟的是，尼金斯基是个很差的沟通者。说话对他来说并不容易，兰伯特记得，他通过演示一切来教舞者一些动作。这些动作本身很简单——走动或踩踏、跳跃，多为双脚分开并重重着地——但一切都必须从基本姿势做起，这与舞者们的经典训练完全相反，因此受到他们的抱怨：脚向内弯而不是向外，膝盖弯曲，手臂处在与经典姿势相反的位置。给人的印象是沉重的地面运动，而不是反重力、升空般的轻盈。所有这些都是为了创造兰伯特所描述的"一种原始的、史前的姿势"[32]，但在尼金斯基的芭蕾舞演员看来，这是违背舞蹈的。

芭蕾舞团最大的压力来自斯特拉文斯基音乐的新奇性和复杂性。格里高利耶夫记得，舞者抱怨说排练更像是算术课，他们的主要工作就是在德国胖钢琴家"庞然大物"（Kolossal，佳吉列夫取的绰号）在钢琴上敲出音乐时，数不断变化的拍子。英国舞者希尔达·芒宁斯回忆道："一些女孩过去常常手里拿着小纸条跑来跑去，惊慌失措，为谁的计数是对的、谁的计数是错的而争吵。"芒宁斯在《春之祭》在蒙特卡洛进行彩排期间首次加入芭蕾舞团，后来被称为莉迪亚·索科洛娃。[33]玛丽·兰伯特的主要工作是确保尼金斯基和舞者都了解节奏——芭蕾舞团不久便给她起了"节奏米奇卡"的绰号——并由她分别指导每位艺术家，同时每天彩排后晚上与尼金斯基会面，演练第二天的音乐。

据说，当斯特拉文斯基几次参观尼金斯基的排练时，他没有做任何事来增强他的信心。兰伯特描述了其中的一次参观，他把"庞然大物"推下了钢琴凳，开始自己演奏音乐，是尼金斯基排练速度的两倍，跺脚、用拳头重击钢琴，大喊"这个"才是他要的。斯特拉文斯基毫不掩饰，他认为编舞者对音乐的理解很差。尼金斯基的姐姐、首席舞者布罗尼斯拉娃讲述了一次她与哥哥的谈话：

> 布罗尼亚*，我经常被伊戈尔·费奥多罗维奇激怒。作为一位音乐家，我非常尊敬他，我们已经成为朋友多年了，但是由于斯特拉文斯基认为他是唯一完全理解音乐的人，太多时间被浪费掉了。和我一起工作时，他解释了黑色音符的时值、白色音符的时值、八分音符和十六分音符的时值，就好像我从未学过音乐一样。[34]

但不久之后，忠实的布罗尼亚也让尼金斯基雪上加霜。他原本打算让她跳献祭受害者的角色，"被选中少女的献祭舞"是芭蕾舞剧中唯一重要的独舞，但是芭蕾舞团一到蒙特卡洛，她不得不告诉哥哥她怀孕了，必须退出。他回应道："你像其他所有人一样故意毁了我的工作！"[35]

---

* 布罗尼斯拉娃的昵称。——编者注

彩排期间，格里高利耶夫向佳吉列夫倾诉困难，据称佳吉列夫和往常一样回答道："这是一个好兆头！"[36]但显然，他需要让芭蕾舞团有时间来解决难题，免除巡回演出的任务。多亏药业大亨继承人、剧院老板、指挥家托马斯·比彻姆的父亲约瑟夫·比彻姆爵士的赞助，芭蕾舞团于2月至3月在奥德维奇剧院安顿下来，进行为期六周的不间断排练。正是在这里——伦敦西区，《春之祭》最终成形。

1912年12月至1913年5月29日首演，没人能给出一个在欧洲各地进行舞蹈排练次数的精确数字。"数百次"是出现在众多描述中的一个词，斯特拉文斯基估计排练了130次。我们所知道的是，皮埃尔·蒙都指挥下的巴黎管弦乐团进行了17次完整的排练，加上与管弦乐团各部分进行的附加练习（如今，一个乐团通常要对一部30分钟的新作品进行三次完整的排练）。在蒙特卡洛乐器演示的最初震撼之后，蒙都似乎正全力以赴，他写信给斯特拉文斯基报告良好的进展，并询问与小节数、乐器和弱音器相关的技术问题。但是乐团的低音提琴演奏家亨利·吉拉德回忆称，音乐对音乐家的震撼和对舞者是一样大的：

> 每个人都对复杂的节奏，残暴的、不和谐而奇怪的声音感到困惑，我们的耳朵不习惯。音乐家们开始阻止蒙都，询问一些片段是否印刷正确，例如，想知道"我的B大调是否是正确的，因为我旁边的人正在演奏降B调"[37]。

当俄罗斯芭蕾舞团于5月初到达时，他们所在的巴黎这个封闭的艺术世界吓坏了：伊莎多拉·邓肯的孩子们连同保姆正乘坐的汽车滚入塞纳河，他们被淹死了。拉威尔写信给斯特拉文斯基："明天我去看看那个不幸的伊莎多拉·邓肯。我一想到就颤抖。真是太可怕了，太不公正了。"[38]

* * * * * *

火热的五月一夜

"这些浑蛋到底是在哪里长大的？"这或许不是巴黎精英们想在主流文化期刊的头版读到的关于自己的话。但这就是《喜剧》杂志的编辑加斯顿·德·帕夫洛夫斯基在1913年5月31日所写的内容，他谈到了两天前在全新的香榭丽舍剧院进行的芭蕾舞剧《春之祭》骚乱式首演的观众。帕夫洛夫斯基的"浑蛋"涵盖了相对广泛的社会范围。这个词包含了上流社会：世袭的贵族和发家的工业家、金融家，以及5月29日当天戴着珠宝、头巾和羽毛涌进香榭丽舍剧院的富有的女性艺术赞助人；也包含了来观赏芭蕾舞剧的人：知识分子、艺术家（有一些名人）与挤在便宜座位和通道的学生。帕夫洛夫斯基没有对倾向讨厌斯特拉文斯基、尼金斯基和洛里奇新芭蕾舞剧的那些人"愚蠢和故意的恶行"保留他的怒气。在首演的骚乱中，他坚持认为《春之祭》的粉丝们也应受到指责："在这种难以形容的喧闹中，我们只有竖起耳朵才能艰难地理解这部新作品的大致理念，而它被它的捍卫者和反对者淹没了。"他继续说道："这不是'春之祭'，而是'春天的屠杀'。"

《春之祭》的首演是艺术史上最著名同时也是最具争议的事件之一。那天晚上发生了两件大事：一件是对一部芭蕾舞剧的震惊，这部作品无论是对它的粉丝还是反对者来说都仿佛是凭空而生；另一件则是听众的不良行为。记者无法充分了解这个故事，当时的报纸和杂志上有一百多篇关于这一事件的报道和评论。现在这个故事在书面回忆录和作品主创人员讲述的趣闻中被描述。然后是200多位芭蕾舞演员和音乐家讲述的故事，他们书写或谈论了他们当时或几年后的经历，还有一些回忆、辩论文章、趣闻和观众中一些知名艺术人物深思熟虑的分析。从这些叙述中，我们可以从不同的角度勾勒出5月29日晚香榭丽舍剧院的画面：从舞台、乐池、剧院的不同座位，从边厢、后台以及门厅。然而，这个臭名昭著的首演在很大程度上仍然是不可知的。许多故事互相矛盾，把当晚的事件笼罩在不确定的迷雾中，例如，很难确定观众中具体有谁。究竟是什么引起了骚乱？是音乐，还是舞蹈？警察真的被叫到剧院了吗？整件事事后被夸大了吗？

值得注意的是，在考虑5月29日发生的事情的许多版本之前，香榭丽舍剧院本身就是巴黎观众充满好奇和争议的对象。它八周前才首次对外开放。阿斯特吕克是这座城市中艺术界的一支生力军，是音乐会发起人加布里埃尔·阿斯特吕克富有远见的项目。他为异国情调的舞者、未来的间谍玛塔·哈里和俄罗斯男低音费奥多·夏里亚宾等众多艺术家担任经纪人，还创立了巴黎艺术大季。这是每年一度的春夏季音乐会、芭蕾舞剧和歌剧的节日，目的是在更保守的巴黎秋冬艺术季的生意结束后提供国际吸引力和当代趣味。自1909年以来，谢尔盖·佳吉列夫的俄罗斯芭蕾舞团一直是阿斯特吕克艺术季王冠上的异国珍宝，该芭蕾舞团自然将在新剧院开业的几周中占据重要位置。5月6日，《喜剧》宣布：

> 我们的朋友，俄罗斯人又回来了！这是在我们之中赢得了如此众多的仰慕者的斯拉夫艺术在抒情、编舞和装饰方面最重要的

一个季节……伊戈尔·斯特拉文斯基将以最引人注目的《春之祭》来完成其芭蕾舞剧作品的三部曲，其中的所有特点，技术、编舞、合唱、管弦乐与视觉呈现都将引起人们的兴趣和惊讶。

由于阿斯特吕克在1913年春季投入了大量资金，炒作对他至关重要。佳吉列夫已经看到了俄罗斯芭蕾舞团带来热潮的商业价值，并通过交涉得到了之前费用的两倍。阿斯特吕克需要把票售罄。

新剧院的位置在香榭丽舍大街正对面的蒙田大道上，是法国首都文化轴向更时尚的城市西部转移的一部分。但它的建筑本身也是一种文化声明。它由奥古斯特·佩雷设计，是巴黎第一个以钢筋混凝土建造的公共建筑，外面包裹着白色大理石。它简单、朴素的线条显现出朴实而引人注目的现代感，与19世纪加尼叶歌剧院和更东边的夏特雷剧院帝国式的富丽堂皇形成了鲜明对比。是的，这里有一些装饰——雕塑家安托万·布德尔设计的外部饰带和莫里斯·丹尼斯画的穹顶天花板，但这些都是古典和节制的，并且不会掩盖建筑本身坚硬而干净的线条。在古老的加尼叶歌剧院，舞台包厢被设计得突出到舞台上，最富有的人能被歌剧院的每个人看见，而阿斯特吕克新剧院的氛围更为民主，将包厢放在普通座位的后面，将廉价座位和最昂贵座位紧密联系起来——这在《春之祭》首演当天被证明是致命的。正如当晚观众席的画家

第88—89页图
安托万·布德尔香榭丽舍剧院外墙大理石雕带的一部分。

雅克-埃米尔·布兰奇所说：

香榭丽舍剧院的创始者们的这场赌博，让他们能够在艺术的氛围中，把那些希望成为被看到的景观的人，与希望去那里自我充实和更新的人聚集到一起。

新舞台设计为平面框架中简单的正方形，营造出一种隔离感，与听众保持着较远的距离，类似电影院这种最新艺术形式的荧幕。香榭丽舍将成为现代理想的剧院，所有焦点都将集中在艺术上。雅克-埃米尔·布兰奇再次说道：

从进入大厅的那一刻起，您就会感受到一种神圣感和目的性。线条的简洁性、光滑的大理石、代表神话和神学的古老镶板，所有一切相互协调在一起，营造出一种冥想的氛围。有人表明这座宏伟建筑借助它的优雅，还有些许的冷静和清醒，使我们的心境处于很集中的状态，能更好地专注于艺术表演，一种类似瓦格纳在拜罗伊特渴望的舞台节日剧……我们想在这里表演古典作品，并开启现代旅程。[1]

瓦格纳节日剧院的提法是显而易见的。对新剧院的最严厉的批评之一是这种建筑"太德国化"了。彼得·贝伦斯最近在柏林建立了开创性的混凝土涡轮机工厂，而阿道夫·卢斯在建筑上的宣言"装饰与罪恶"于当年早些时候被翻译成法文。在国际紧张局势加剧和军备竞赛激烈的背景下，新剧院受到奥德影响，这一观念在1913年的巴黎未能受到欢迎。

1913年5月29日当天，巴黎天气炎热，预计会有热浪，晚上大约十点有小雨。早上，许多报纸上出现了以下公告：

俄罗斯芭蕾舞团将于今天晚上在香榭丽舍剧院首次上演《春之祭》，这是谢尔盖·德·佳吉列夫先生令人钦佩的芭蕾舞团尝试过的最令人赞叹的创作。它唤起了异教徒俄罗斯的原始姿态，这是由诗人和作曲家斯特拉文斯基，诗人和画家尼古拉斯·洛里奇以及诗人和编舞尼金斯基的三重愿景所构想的。

在这里，我们可以看到斯拉夫种族在史前时代对美的反应的特有态度。

只有出色的俄罗斯舞者才能描绘出这些半野蛮人最初磕磕绊绊的姿态。只有他们才能代表这些疯狂的暴民，他们毫不费力地搞定了音乐家大脑所能产生的最令人震惊的复节奏。这确实是一种新的感觉，这种感觉无疑会引起激烈的讨论，但会使每个观众留下对艺术家的难忘记忆。[2]

该新闻稿由阿斯特吕克撰稿，但得到了天生的宣传家佳吉列夫全方位的帮助。它表明阿斯特吕克和佳吉列夫正期待（甚至可能在积极制造）丑闻。这也很清楚地表明，他们希望芭蕾舞剧作为一种真正协作的、完整的艺术品被接受，这是三位同等重要的艺术家的共同愿景：31岁的作曲家伊戈尔·斯特拉文斯基——虽然三年之前在巴黎和几乎任何其他地方闻所未闻，但他杰出天才作曲家的声誉只靠两部获得惊人成功的芭蕾舞剧《火鸟》和《彼得鲁什卡》就建立了起来，这两部作品分别是在1910年和1912年的巴黎季所作；俄罗斯芭蕾舞团明星舞蹈演员，被誉为舞蹈之神的瓦斯拉夫·尼金斯基，也是佳吉列夫的情人，但自从他的德彪西《牧神午后》和《嬉戏》严重失败后，他的编舞家身份就受到了质疑；尼古拉斯·洛里奇——画家、舞台布景设计者、考古学家，是俄罗斯热潮背后知识分子权威的重要人物。

同样在5月29日上午，一篇文章出现在前卫文化杂志《蒙茹瓦！》（*Montjoie!*）上，其中斯特拉文斯基概述了新芭蕾舞剧的剧情，并提醒读者这将是非常新鲜的事物，既没有《火鸟》般的童话故事，也没有《彼得鲁什卡》中简单的人类的悲伤和欢乐。《春之祭》将涉及更为原始的东西："在《春之祭》中，我希望表达自我更新的大自然的壮丽成长。"

斯特拉文斯基后来否认写过这篇文章，并指责它"天真"，但它为宣传机器提供了素材，正如首映前几天的公开彩排一样，佳吉列夫精心挑选，邀请了一些音乐家、作家和评论家做听众。包括作曲家和指挥家路易斯·维耶曼在《喜剧》中提到的，这些排练旨在激起人们的情感，提前为狂欢式首演划定战线：

一些应邀参加最后几次彩排的人在巴黎街头神情狂野，并坚信他们有理由这样做。他们可以分成两类，除了都表现得既狂野又深信不疑。"非凡，宏伟，壮观，权威！"一些人对每位愿意听一会儿的人喊道。"可恶，可恨，可笑，自命不凡！"另一些人对那些没时间聆听的人尖叫道。我让你们推测下这种激情带来的损害。在帷幕升起前的36小时，它像野火一样传播。"等一下，"那些深信的人说，"我们将见证这场伟大的音乐革命。今晚是未来交响曲的约定时间！""当心！"怀疑者警告道，"他们是在取笑我们，把我们当傻瓜。我们必须捍卫自己！"

当观众到达蒙田大道观看预定八点四十五分开始的演出时，天气依然很炎热。尽管事前宣传已经让每个人都清楚演出大概是什么情况，但《春之祭》已被列入大家熟悉且喜欢的俄罗斯芭蕾舞团"丰盛三明治"的一部分，它被嵌入由米歇尔·福金精心编排的三部芭蕾舞剧的诱人序列中。福金于1912年之前一直是俄罗斯芭蕾舞团受欢迎的首席编舞，直到佳吉列夫解雇他，并用尼金斯基取而代之。福金的芭蕾舞剧被配以熟悉且容易接受的音乐：《仙女们》是一种配上肖邦音乐的"浪漫主义遐想"，《玫瑰花魂》（Le Spectre de la rose）配以韦伯的音乐，《鞑靼舞曲》则使用了鲍罗丁曲调优美的歌剧《伊戈尔王子》的音乐片段。《春之祭》将在《仙女们》和《玫瑰花魂》之间进行表演。《仙女们》和《玫瑰花魂》由尼金斯基担任主演，这可能是为他没有出现在《春之祭》中而对观众进行的补偿。除了最后的献祭之舞外，《春之祭》将是一部没有独舞的芭蕾舞剧。

斯特拉文斯基排练《春之祭》，让·科克托。

有相当多富裕阶层会开着汽车来到前门，他们在门口拿到的节目手册都采用了极富现代感的装饰艺术字体，上面还有标致、雷诺和奔驰的广告。那些紧跟潮流、身着时髦服装和头饰的女性看起来好像是俄罗斯芭蕾舞团的一部分。观赏晚上演出的，除了富有的精英阶层和波希米亚人，还有艺术家、音乐家和坐在廉价座位上的学生。让·科克托冷嘲热讽地观察着穿过香榭丽舍剧院的不同人群，事后看来，他预测将发生一种爆炸性的混合事件：

　　丑闻的所有元素都已具备。身着燕尾服和薄纱、钻石的聪明观众穿插在有审美品位人群的西装革履之中。后者为了表达对包

厢里人们的蔑视，会称赞芭蕾舞剧的新颖性。数不胜数的势利眼的身影被呈现出来，这需要为他们专书一章。观众扮演了已经设计好的角色。[3]

科克托是这个拥挤剧院众多艺术名流中的一个。一个多世纪以来，人们一直在猜测5月29日晚出席的名人名册。我们确切地知道作曲家拉威尔、德彪西、戴留斯、弗洛朗·施米特和阿尔弗雷多·卡塞拉都在剧院内。人们经常说普契尼在那里，但是文献显示他去了第二场演出，他声称："舞蹈是荒谬的，音乐纯粹是噪音……总之，它或许是一个疯子的作品。"[4]格特鲁德·斯泰因暗示她参加了骚乱式的首演："我们什么也听不见……确切地说，整场演出人们都无法听到音乐的声音。"[5]但是在《艾丽斯自传》（原名《艾丽斯·B. 托克拉斯自传》，*The Autobiography of Alice B. Toklas*）中，斯泰因清楚地表明，像普契尼一样，她和托克拉斯参加的不是首演而是第二场演出，一场完全安静的演出。[6]一部有关《春之祭》首演的21世纪的电影将毕加索放在剧场中，并疯狂地勾画着整场演出。毕加索的未来妻子奥尔加·科赫洛娃是舞台上的舞者之一——这一对要等到1917年才见面，但科克托断然说毕加索那天晚上不在剧院。然而，我们确实知道77岁的伯爵夫人梅兰妮在场，她的沙龙自第二帝国时代起就广为人知，几位目击者报告说她在新芭蕾舞剧演出后大叫："这是六十年来第一次有人敢嘲笑我！"科克托补充了细节：她的脸是红色的，冠状头饰是歪斜的，加重了对旧世界的冒犯感。[7]年青一代的艺术赞助人、俄罗斯芭蕾舞团的资助者米西亚·爱德华兹（后来的塞特）也在场，并被这部芭蕾舞剧迷住了。然而，坐在她包厢旁边的克劳德·德彪西有一个更加痛苦的经历。当爱德华兹俯身向他分享她对新作品的惊讶时，她发现："有一种可怕的悲伤浮现在他焦虑的脸上。他弯下腰对我低声说：'这太恐怖了，我什么也听不到。'"[8]

在芭蕾舞剧《仙女们》演完后，观众们回到炎热剧院中的座位上，他们会打开他们的节目单看接下来半小时该期待些什么。内容提要如下：

第一幕：大地的崇拜。春天，大地上开满了花。大地上长满了青草。大地洋溢着极大的欢乐。人们开始按照仪式跳舞并质疑未来。圣贤们的祖先参与了"春天的赞颂"。他被带出来与丰富而伟大的大地联系在一起。每个人于狂喜之中在大地上踩脚。

第二幕：献祭。夜幕降临之后，午夜之后。在山上有神圣的石头。年轻的女孩们玩神秘的游戏，寻找伟大之路。他们赞美那个被拣选奉献给上帝的女孩。他们召唤祖先作为尊贵的见证人。人类智慧的祖先们观看了献祭。因此，他们向雅里洛奉献了最壮丽的、最激动人心的东西。

灯光熄灭，听众陷入沉默。帷幕一直紧闭，伴随着整整三分钟的"引子"，芭蕾舞剧开始了。乐池中传出一种奇异而孤单的芦苇之声，向剧院投射出一条曲折有致的即兴声线。不久之后，仿佛在原始泥土中蠕动和滑行的其他管乐器加入了这支怪异的旋律，春天的萌动、兴奋和呼唤从原始的泥土中出现、增长，并演化为一种密集的、节奏自由的自然声音的拼贴。评论家乔治·皮奥什第二天写道，在他座位周围，就开场的芦苇之声是由什么乐器奏出而引发了一个小争议：是双簧管？加了弱音器的小号？还是单簧管？后来他很惊讶地从指挥家那里得知那是一支大管（巴松），演奏得比以前要高，至少很有韵味。观众们在座位中快速移动。指挥家皮埃尔·蒙都（佳吉列夫指示他无论发生什么事情都要继续）之后回忆道："观众在头两分钟还很安静。接着顶层楼座发出嘘声，不久又从底部楼座传来嘘声。"[9]阿尔弗雷多·卡塞拉证实了这一说法："前奏曲（引子）进行到一半时，骚乱以各种形式的嚎叫声、口哨声和嘈杂声出现。"[10]从舞台的角度，正在与其他舞者一起等待幕启的莉迪亚·索科洛娃回忆道："观众的呼喊声和口哨声几乎在音乐响起后就开始了，在帷幕升起时，我们很害怕。"

在"引子"的结尾，第一个节奏脉动片段以小提琴拨弦的形式出现，中提琴奏出一个幽灵般的和弦，大幕升起。观众在舞台上看到的一切既让人欣慰，又让人震惊。洛里奇的舞台布景丝毫没有违和感：一幅柔和的绿色风景画，山谷的拐角，一圈小山，远处的一个湖泊，多云的天空。但舞蹈所呈现的东西立刻让人感到震惊。斯特拉文斯基的那句名言——"幕启后看到一群八字脚

第98—99页图
《春之祭》的男舞者穿着厚重的束腰外衣、戴着皮帽。看到他们抽动的八字脚动作，用科克托的话说，一部分观众"立刻反叛了"。

的、留着长辫的洛丽塔（Lolitas）正在上下跳跃"[11]——这是不准确的，因为最先出现的是那些男人，还有一个拿着占卜树枝、背对观众的年长女巫，但他关于站姿的描述是正确的。尼金斯基与他的舞者们合作，为整个芭蕾舞团设计了一种身体造型，这似乎与古典芭蕾舞的开放性、轻巧性恰好相反。脚趾和膝盖向内转而不是传统的芭蕾舞姿势的向外转，脚大多平放在地板上而不是用脚尖立起。舞者身体的力量向下指向地面，而不是向上指向空中。

帷幕升起时，音乐突然出现了令人震惊的变换：乐队接过刚刚开始的拨奏小提琴的节奏脉动，并把它放大为一种大声的、突然加剧的、不协和的舞蹈，带着难以预料的凌厉重音。一圈人紧紧挤在一起，穿着厚厚的束腰外衣、戴着皮帽，以八字脚的姿势开始跳一种跺脚、抽搐的舞蹈。每个人都在模仿乐队的节奏，但又都有自己的变化，就像某种精神错乱的机器。打破芭蕾舞剧的另一条规则在于，帷幕拉开时，表演者并没有以大方而开放的古典芭蕾舞展示直面观众，而是以紧紧蜷缩在一团的方式向内向下转动身体。用斯特拉文斯基的话说就是，这时，风暴来临了。那些被芭蕾舞剧惊呆的人不再克制，而那些捍卫它的人同样充满活力。该公司的芭蕾舞大师谢尔盖·格里戈里耶夫描述了接下来发生的事情："一部分观众开始愤怒地大喊大叫，其余的人报复性地大声维护秩序。喧闹声很快就震耳欲聋。"[12]科克托认为，整个事件是不可避免的，观众是这一壮观场面的一部分：

尼古拉斯·洛里奇为一位女舞蹈演员所做的服装设计。

观众扮演了必要的角色，立刻开始反叛，不断嘲笑、讥讽、吹口哨、学猫叫，如果这帮过度热情的美学家和少数音乐家没有侮辱甚至推搡包厢里的人们，观众或许早就厌烦了。骚乱演变为一片混乱。[13]

随着噪音的增加，据报道，斯特拉文斯基的朋友作曲家弗洛朗·施米特大喊："闭嘴，你们他妈的是从第十六区来的！"——这是对巴黎最富裕地区居民的一种侮辱。[14]尼金斯基未来的妻子罗莫拉·普尔斯基回忆道：

一位着装漂亮的女士在乐池里站了起来，扇了包厢附近一个正在发出嘘声的小伙子一记耳光。她的陪同者站了起来，两个男人交换了卡片，准备第二天进行决斗。另一个上流社会的女士向一名示威者吐口水。[15]

评论家古斯塔夫·利纳写道，这场表演"实际上演化成一个公众集会"，谩骂和议论在听众席四处散播。[16]一些报道声称，一位优雅的女士低声对拉威尔愤怒地说："肮脏的犹太人！"拉威尔不是犹太人。[17]然而阿斯特吕克是。在暴露法国政府反犹主义的德雷福斯事件结束后仅七年，暗流依旧在涌动。曾为《春之祭》提供宝贵舞蹈排练草图的艺术家瓦伦丁·格罗斯·雨果反映了斯特拉文斯基作曲家朋友们的愤怒：

德拉热怒气冲冲，莫里斯·拉威尔像个小斗鸡一样气势汹汹，

尼古拉斯·洛里奇为一位男舞蹈演员所做的服装设计。

Б. Iонин Цариб.

莱昂-保罗·法格报复性地咒骂发出嘘声的包厢。令我震惊的是，这部1913年上演得如此艰难的作品能在这样的喧嚣中演出到最后。[18]

确实，在这场风暴中，蒙都继续指挥，管弦乐团继续演奏，舞者一直在跳舞，但来自观众席的喧闹意味着舞者在舞台上听不到音乐。莉迪亚·索科洛娃写道：

我们都感到不安的是，当其他人在跳第二步时，我们在跳第四步、第五步或第六步；尼金斯基在侧厅跺脚，试图为不同组一起数拍子；我们也可以看到佳吉列夫抱着头走来走去。对于观众来说，我们一定是一幅可爱的图画：四处奔跑、跳跃、转身，他们或许正纳闷整件事何时会崩溃。[19]

与此同时，斯特拉文斯基正坐在剧院右边与舞台相隔几排的地方。多年后，他回忆起自己在剧院里凝视着蒙都的背，希望他继续指挥下去，并惊讶于指挥家看上去"像鳄鱼一样无动于衷"[20]，尽管周围都是噪音。但当喧闹声逐渐变大时，斯特拉文斯基带着痛苦和愤怒离开了座位——在后来的纪录片中，他记得自己沿着那一排挤出去的时候对一些抗议的观众说："见鬼去吧！"[21]正如皮埃尔·蒙都后来说的那样，几乎肯定的是，斯特拉文斯基没有从后窗偷偷溜走，绝望地徘徊在巴黎的街道上，而是回到了后台。他说他在那里发现尼金斯基站在椅子上——刚好是观众看不到的地方，向舞者大声喊出数字："我纳闷这些数字到底与音乐有什么关系，因为在乐谱的节拍设计中没有'十三拍'和'十七拍'。"[22]

尼金斯基在《仙女们》中扮演了主角，并且在《春之祭》后为了《玫瑰花魂》的演出返回舞台。他穿着彩排服装带妆从侧厅指挥舞蹈。罗莫拉·普尔斯基描述道，他为那些因观众的喧闹而无法听到音乐的舞者用自己的拳头打出节奏，大声喊着"一、二、三"，他的脸像他的舞蹈衬衫一样白。尼金斯基的姐姐布罗尼斯拉娃·尼金斯卡——俄罗斯芭蕾舞团的另一位明星——那天晚上因为怀孕没有跳舞。但是她留在后台支持她的弟弟，并且表达了对他健康的关注：

> 我可以看到瓦斯拉夫那会儿处于极端焦虑的状态，唯恐艺术家们出错。他很快出现在舞台上恢复秩序，防止艺术家们崩溃……站在舞台的侧厅，我感到虚弱，我的腿快支撑不住了。我的心收紧，不是为芭蕾舞剧的命运，而是为了瓦斯拉夫。[23]

佳吉列夫在剧院后面的包厢里多次向观众大喊："让他们完成这次表演！"[24] 在某个阶段，他或阿斯特吕克都已决定打开再关闭观众席的照明灯来平息事态，但任何效果也只是暂时的。莉迪亚·索科洛娃写道，在芭蕾舞剧第一幕行将结束时，抗议活动在不断加剧："第一场以剧院前台传来的一阵口哨声结束，幕布降下来时，我们非常高兴。但我们仍需为第二幕换衣服，甚至可以说这要困难得多。"她并非唯一记得吹哨子的人。评论家维克多·德拜在他的评论中写道："俄罗斯舞蹈演员突然发现，他们通常优雅的顾客、贵族的观众口袋里装着哨子，并且知道如何使用它们。"[25]几位目击者回忆道：阿斯特吕克在两幕之间上台呼吁冷静，但没有评论性的刊物报道这一点。

围绕1913年5月29日诞生的神话部分是警察被喊来恢复剧院的秩序。然而，当时没有任何关于此次首演的报道证实过这件事。乐队的低音提琴手亨利·吉拉德明确地表示警察没有来。但事件发生后很久，有几个人书面提到了当时有警察在场。芭蕾舞大师格里高利耶夫说，佳吉列夫打开了观众席照明灯，以便警方可以在第二幕演出前驱逐部分最糟糕的干扰者。蒙都提出了类似说法——"最终，警察来了"[26]——舞者索科洛娃也是如此。但是整个演出过程中，格里高利耶夫都在后台；索科洛娃在尝试继续跳舞时脑子里还有其他事，而蒙都和吉拉德都在乐池中，所以他们不太可能亲眼看到警察——表演历史学家埃斯特班·布赫在2013年的一篇文章中指出。可让人着急的是，1913年2月到1914年4月的这段时间，香榭丽舍大街地区警察局的警察记录丢失了。所以我们可能永远无法知道真相了。[27]

据说芭蕾舞剧演到一半，香榭丽舍剧院的气氛最为紧张。在这个关键点，值得暂停下来看看观众正在经历什么，研究一下为什么仅十五分钟后它就激起了如此疯狂的愤怒。*帷幕升起时，紧接着"引子"中奇怪的声音以及开场舞的剧烈震撼带来奇异效果

---

* 读者可以参考第六章《循序渐进的仪式：聆听指南》。

瓦斯拉夫·尼金斯基正在跳《玫瑰花魂》（1911年）。

的，是一系列游戏和仪式：一场年轻男性玩绑架新娘的游戏，一支由年轻姑娘表演的缓慢的霍罗沃德舞，一场敌对部落之间的模拟战，一个以圣人为首的长老队伍，圣人用亲吻祝福大地，最后是一场猛烈的"大地之舞"。在音乐或舞蹈中，这些部分之间没有通常芭蕾舞版柔软的转变。不同的场景像电影一样被剪切、拼接在一起，没有连接性组织。正如新闻稿当天早晨预期的那样，《春之祭》的音乐的确传递了"音乐家大脑有史以来最令人震惊的复节奏"，但不止于此。有一种最原始方法制造不和谐的效果——将其本身熟悉的旋律线或和弦与其他类似的旋律或和弦结合在一起。每一句都是常规的，但是放在一起它们就会产生一种既陌生又熟悉的不和谐碎裂声。有一种配器方法，从大管上的第一个乐句开始就让观众大吃一惊。另一个引人入胜的效果将是"圣人行进"（Procession of the Sage）的音乐，在该节奏中，打击乐部分的重复刮擦和敲击，与乐队的其余部分形成节奏对位，听起来像是20世纪早期汽车制造厂发出的喧闹的工业噪音。听众可能从未听过管弦乐团能发出如此喧闹的声音。

《春之祭》的舞蹈同样具有创新性。尼金斯基把他的舞蹈演员的身体塑造成平足、八字脚的"反芭蕾舞"形状，这有悖于他们通常的训练和观众的期望。它旨在营造一种"奇异者"的感觉，一种远距离的疏离感，观众可以通过它去想象一个古老的民族。尼金斯基以反重力跳跃闻名，他让他的舞者在《春之祭》中一遍又一遍地跳跃，但正如舞蹈史学家米莉森特·霍德森所指出的那样，这种舞姿因为跳跃重心较低，带来了其他挑战："身体在这一跳跃动作中虽然不是笔直的，但仍是垂直上升的。"[28] 除了芭蕾舞剧结尾处的"献祭之舞（被选中者）"之外，没有传统芭蕾舞中那些取悦观众的独舞。一开始的老巫婆和圣人是最简短的客串。霍德森说，尼金斯基的《春之祭》是一部带有巨大能量的，关于一群人在舞台上的运转芭蕾舞剧。它是合唱芭蕾舞剧，但并非传统意义上整齐划一的合唱。群体一起移动、旋转、分开以形成其他组，然后在再次分开前彼此对位式地移动。在这些人群中，每个个体似乎常常迷失在他们自己的世界中，以他们自己独特的重复性、强迫性运动进行旋转。年轻的评论家雅克·里维埃在首演几个月后写的极具洞察力的文章中，将《春之祭》描述为"生物性芭蕾舞剧"，并将其与近几十年来的科学发现联系起来：

人们会认为他是在显微镜下看戏。这是有丝分裂的故事，借助种子的内在成长进行分裂和自我繁殖；从本质上看，是最初的分开、断裂和湍流物质的重聚。[29]

不难看出为什么这些都深深地困扰着以俄罗斯伟大的芭蕾舞剧传统为养料的观众。评论家皮埃尔·拉洛强烈地表达了传统编舞卫道士的愤怒：

没有一条旋律、没有一个角色的一个动作显现出优雅、高贵、轻盈的表情，一切都是丑陋的——沉重、单调而整齐划一的丑陋。

被挤进密集人群的舞者总是被困在一起，只能做出笨拙、短促、横行而拘谨的姿势，跛腿或不协调的动作。他们像树桩一样摇晃自己的手臂，像木头人一样摇晃着自己的腿。他们绝不舞蹈，他们所要做的就是适当地跳跃、扒住地面并抽搐般地摇晃。

拉洛的评论更加尊重斯特拉文斯基，深信他在《火鸟》和《彼得鲁什卡》里的创作，但拉洛仍然以丰富多彩的语言表达了《春之祭》的音乐在大部分观众中一定会引起的困惑：

> 它的根本特征是，它是迄今为止最不和谐的音乐。对错音技巧的崇尚和实践从来没有如此努力、热情或果敢地实践过。从作品的第一小节到最后一小节，不管期待的是什么音都绝不会被听到，出现的反而是最接近它的那个音，即不应该出现的那个音。无论上一个和弦接下来应该是什么样的和弦，都会听到另一个和弦；那个和弦和那个音符有意给人一种痛苦的、近乎折磨的不和谐之感。无论两个主题如何叠加在一起，他都不会选择"融合在一起"的主题，而是以相反的方式，以便组合产生最严重的冲突和煎熬。[30]

对于那些与拉洛分享对音乐和编舞看法的观众而言，在第一幕结束前的最后一部分会更加激发他们的感情。持续一分多钟的"大地之舞"很可能是整部作品中最暴力和极端的时刻。在他们的节目大纲中，观众会读到"每个人都在欣喜若狂地重踏大地"的描述，但这大大低估了第一幕高潮的恐怖能量。就在"大地之舞"之前，伴随着鼓上缓慢的心跳节奏和一种奇怪的、音区很高的、似乎来自地下深处的和弦，音乐和舞蹈的狂热在圣人弯腰亲吻大地时瞬间消失。这亲吻在音乐中引起了咆哮、剧烈扭动和喧闹声——这正是华特·迪士尼25年后在电影《幻想曲》（*Fantasia*）中使用的部分，这部分描绘了摧毁恐龙的地震——似乎已经释放了无情的自然力量。事后看便很容易理解小号的快速机枪射击声和打击乐中的撞击和爆炸声，一种即将到来的世界大战的人间地狱景象。尼金斯基的四十三名舞者中的每一位都因音乐的暴力而陷入了个人重复运动的循环中，迷失在一种看上去非常现代的地狱之中。如果阿斯特吕克确实感觉到有必要在此时登上舞台，并试图恢复平静，也就不足为奇了。

第二幕的"引子"伴随着帷幕落下而响起，营造出宁静的夜晚的氛围。然后，在一个大提琴独奏的上升音型上，帷幕升起，暴露出正在表演缓慢、神秘的圆圈游戏的女孩们，这是在她们之中选择谁来献祭给太阳神雅里洛的前奏。但当观众看到舞者的姿势时，所有可能恢复的平静都立即被打破了。这些女孩脸朝外簇拥成一个圆圈，以八字脚姿势拖着脚步转圈，头向一侧弯曲，每人用一只手紧贴着脸颊。这正是那天晚上被最广泛报道的听众的骚动。"找医生！"一个机智幽默的人喊道。"牙医——他们都牙疼！"另一个人叫道。第三位说道："两位牙医！"[31]当芭蕾舞剧演到穿着熊皮的祖先到来，无情地走向献祭的高潮时，这些干扰似乎掀起了新的嘲讽浪潮。

但是，一些观众在整个骚动中只是被作品的力量所吸引。格特鲁德·斯泰因的朋友——美国作家、摄影师卡尔·范·维克滕描述了发生在他包厢里的一件事：

一个年轻人占据了我身后的地方。为了让自己看得更清楚，他在芭蕾舞剧的进程中站起来。当他开始用拳头在我头顶有节奏地击打时，由于音乐的强大力量，他努力投入时的强烈激动即刻显露出来。我的情绪太激动了，以至好一阵子都没有感觉到打击。它们与音乐的节奏完美地同步。当我感觉到的时候，我转过身来。他的道歉是真诚的。我们都超越了自己。[32]

公众对玛丽亚·皮尔茨跳的"献祭之舞"有何反应，说法相互矛盾。玛丽亚·皮尔茨取代了怀孕的布罗尼斯拉娃·尼金斯卡。尼金斯基的舞者和助手玛丽·兰伯特记得，完全的混乱是在那时爆发的，卡尔·范·维克滕回忆起在被观众席炽烈灯光模糊了的舞台上，皮尔茨那奇怪的宗教般歇斯底里的舞蹈，似乎还伴随着一群愤怒男人和女人杂乱无章的疯话。但是其他报道指出，这正是观众终于平静下来的一刻。罗莫拉·普尔斯基回忆道："唯一的放松时刻是选美少女的舞蹈开始时。它具有如此难以形容的力量，如此之美，以至于在献祭的信念中消解了观众的混乱状态。他们忘了打架。"[33] 在这之后批评家们更少赞美了。皮埃尔·拉洛独特而直率的话很典型：

表演献祭处女的可怜舞者整整一刻钟静止不动（原文如此），被固定在你可以想象的最丑陋的姿势上：脚趾向内，膝内翻，身体扭曲，脖子歪着，头部斜着；随后她改变了姿势，进行一系列笨拙且疯狂的跳跃，这些跳跃使她看上去像是一个脱节的木偶。

正如拉洛在他的评论中所观察到的那样，"献祭之舞"是对整个芭蕾舞剧中各种风格化动作类型的提炼：八字脚的颤抖、"牙痛"的姿势、手臂的锯切动作以及共计123次跳跃。每个动作单元都以不同长度的片段反复出现，就像"献祭之舞"的音乐碎片那样，其中斯特拉文斯基似乎分割了更传统的舞蹈，并以立体主义的形式重新组合成某种曲折而又不可预测的东西。这不是真实的、激烈扭动的死亡舞蹈。比这更残酷的是：冷漠的、机器人般的、无情的舞蹈。这是机械时代的异教仪式。

不出所料，芭蕾舞剧结束时，剧院爆发了同样的欢呼声和嘘声，但是没有更进一步的骚乱。艺术家们进行了五次谢幕，并特别为乐团和指挥家鼓掌。蒙都稍后会说他们"完全按照我们在空旷的剧院排练的那样将其完全表演到了最后"[34]。舞者们精疲力竭，松了口气，最重要的是，他们很热。莉迪亚·索科洛娃写道：

我不知道是我们的假发，还是我们的法兰绒服装的气味……或是因为我们很多人挤在一起，或兴奋或恐惧，我们像炉子一样产生热量；在芭蕾舞剧的结尾，四十多名舞者无一不全身湿透。[35]

玛丽·兰伯特回忆道，舞者们都非常激动，以至于没有想到回家。他们彻夜不眠，吃、喝、在草地上到处奔跑、穿过布洛涅森林。[36]让·科克托也在演出结束的晚宴之后前往这片森林，提供了作曲家、经理和编舞者酒后伤感情绪的难忘片段：

> 凌晨两点，斯特拉文斯基、尼金斯基、佳吉列夫和我本人挤进了一辆出租车，前往布洛涅森林。我们保持沉默，夜晚天气凉爽。合欢树的气味告诉我们已经到达了第一批树的所在地。裹着负鼠皮衣的佳吉列夫来到湖边，开始用俄语喃喃自语。我能感觉到斯特拉文斯基和尼金斯基都在专心听着，在车夫点着灯笼的时候，我看到了经理脸上的泪痕……你无法想象这些人的温柔和怀旧。无论佳吉列夫在那之后做过什么，我永远不会忘记我在那辆出租车里看到的，他在布洛涅森林吟诵普希金作品时那张布满泪痕的脸。[37]

据说多年后，斯特拉文斯基坦言事实更平淡无奇：

> 演出结束后，我们感到兴奋、愤怒、反感和……快乐。我与佳吉列夫、尼金斯基一起去了一家餐厅。因此，佳吉列夫并没有像传说中那样哭泣和在布洛涅森林吟诵普希金的诗，他唯一的评论是："正是我想要的！"他当然看起来很满足。没有人能更快地理解宣传的价值，他立即了解了在这方面发生的好事。几个月前，当我在威尼斯大酒店东角地下室首次演奏乐谱的时候，他很可能

已经考虑到了发生此类丑闻的可能性。[38]

在接下来几天的许多新闻评论中，有几个毫无保留地洋溢着热情。弗洛朗·施米特宣称斯特拉文斯基为"自瓦格纳以来我们一直在等待的新弥赛亚"[39]，而奥克塔夫·毛斯则称赞这项工作为"剧院历史上的里程碑"[40]。如我们所见，许多批评家公开敌视，尤其是针对尼金斯基的尖刻评论，他们认为他应该继续做这个世界上最伟大的舞者，远离编舞。但是，许多人对冲了他们的赌注，承认如果他们要对如此巨大、如此复杂而又新奇的事物立即做出判断，他们可能最终会走在历史错误的一边。乔治·皮奥什写道："事实上，我们这里很可能已经产生了一种新音乐。""但是人们不禁为斯特拉文斯基先生和他的追随者担心，他们已经进入了只是让我们瞥了一眼的音乐圣地。因此，让我们尊重他们的独立和大胆。"[41]

似乎最刺痛斯特拉文斯基和其合作者们的评论是那些暗示他们并不真诚的评论，认为他们只是为了取笑那些容易上当的观众。"观众正在被嘲笑，它反抗了！"阿道夫·博肖特在保守的《巴黎回声报》（*L'Écho de Paris*）杂志中惊呼。首演后不久在文学期刊《吉尔·布拉斯》（*Gil Blas*）的一次采访中，斯特拉文斯基为该项目饱含诚意地辩护道：

我做了一些创新，我希望让那些为《彼得鲁什卡》和《火鸟》鼓掌的人感到些许不安，并且我也希望同样的共情。我全心全意地行动，不认为我是错的。我已经表演过的那些受到好评的作品应该是我真诚的象征，并且应该表明我不希望让无法理解我的公众发笑。[42]

随着这一年时间的推移，《春之祭》继续成为巴黎的话题。经过一段时间的反思，评论员们终于更充分地理解了5月29日首演事件的本质和重要性。雅克·里维埃在1913年8月的写作中坦承他曾在最近的一个赛季之前为俄罗斯芭蕾舞团的审美疲劳所困，担心该舞团已经开始消费过去的辉煌：

但是一夜之间出现了一件毫无益处的事，拒绝依靠过去，他们对自己的期望植入我们心中成为一个可怕打击，这个作品改变了一切，改变了我们审美判断的根源，我们必须立即将其放入伟大作品之列：《春之祭》。[43]

同时，俄罗斯芭蕾舞团继续前行。在巴黎进行了五场表演之后（其中最后一场表演在6月13日），《春之祭》立刻在伦敦上演了四次。像巴黎的同行一样，伦敦批评者们的反应混合着热情、困惑和敌意。但是，德鲁里巷的皇家剧院里没有骚乱。伦敦以一种更英国式的方式回应了《春之祭》的震撼。就在德鲁里巷路上靠近莱斯特广场的竞技场音乐厅，比利·梅森和詹姆斯·沃茨表演了一个小品，扮演了俄罗斯芭蕾舞演员奥里德科夫·莫索诺娃小姐和哈瓦福洛娃夫人——据说她们与亚历山德罗夫斯基监狱长达成协议从感化所获释花了不少代价。在被称为"春之舞"的滑稽模仿中,他们试图展现雷格泰姆与春天(springtime)的不同。

1913年8月,俄罗斯芭蕾舞团飞往南美,佳吉列夫留在欧洲参与其他事务。在布宜诺斯艾利斯,尼金斯基和罗莫拉·普尔斯基秘密结婚。一听到这个消息,佳吉列夫立即解雇了他公司里最伟大的明星尼金斯基。尽管后来达成了和解,但尼金斯基从未为芭蕾舞团创作过另一支芭蕾舞剧,1917年最后一次在公开场合跳舞后不久,他就患上了精神疾病,直到1950年去世。

尼金斯基《春之祭》的舞蹈编排在1913年的伦敦最后一次演出之后遗失了。米莉森特·霍德森和肯尼思·阿彻将结合斯特拉文斯基和玛丽·兰伯特当时的笔记、当代批评家和评论员们的描述、瓦伦丁·格罗斯的彩排画以及三张幸存的舞者的后台照片,在20世纪80年代对其进行再现。

1913年11月,阿斯特吕克破产了。六个月大胆的节目安排使剧院座无虚席,还获得了巨大的票房收入,但他也付出了高昂的代价,其中包括佳吉列夫虚高的费用。在短暂的一生中聚集了20世纪早期最著名的艺术时刻之后,这座为一种新型艺术而建的理想剧院被迫关闭。12月,雅克-埃米尔·布兰奇撰写了1913年度的文化概要,对香榭丽舍剧院伟大的艺术实验之死深感悲痛:"与此同时,让我们把高空秋千表演者们抛向莫里斯·丹尼斯绘制的天花板吧。因为我们只想看歌舞杂耍。"[44]

* * * * * *

《春之祭》的音乐：创新之处在哪里？

谁写了这部恶魔般的《春之祭》?

他有什么权利写这样的东西?

对着我们无助的耳朵粗暴地发出

那些碰撞、冲突,和乒乒乓乓?

然后称之为《春之祭》?

当鸟儿在欢乐的翅膀上

唱着悦耳的颂歌

万物和谐的季节!

如果我是对的

创作《春之祭》的人理应摇摆!

给《波士顿先驱报》(*Boston Herald*)的匿名信,1924年[1]

斯特拉文斯基庆祝春天到来的古代仪式梦境不仅将他与史前的俄罗斯联系在一起,也让他与更近的传统联系在一起。维瓦尔第、贝多芬、舒伯特、瓦格纳和许多其他作曲家在春天的概念中发现了似乎源源不断的素材来源。斯特拉文斯基创作《春之祭》时,欧洲和美国的客厅回荡着挪威作曲家克里斯蒂安·辛丁的《春之絮语》(*Rustle of Spring*)——一首因相对容易且带有令人印象深刻的技巧而受业余钢琴家喜爱的沙龙小品。《春之祭》于乐队亲笔签名的《春之祭》总谱开始部分小节。

Le Sacre du Printemps.
Première partie
L'adoration de la terre
Igor Strawinsky
poco accelerando
Solo (un peu en dehors)

巴黎首演的那年,《孟春初闻杜鹃啼》(*On Hearing the First Cuckoo in Spring*)在莱比锡首演,它是一首华丽而又朦胧的田园牧歌,由英－德作曲家弗雷德里克·戴留斯创作。但是斯特拉文斯基的春天是一个远离所有这一切的世界。他说,他当时想到的是"残暴的俄罗斯春天似乎在一小时内就开始出现,就像整个地球都在裂开一样。那是我孩提时代每年最精彩的事"。[2]斯特拉文斯基在《春之祭》的音乐选择方面令人惊讶的新颖,唤起了暴力、冷酷版本的春天。

有一大堆可怕的音乐学的理论和分析文章描绘了这半个小时的音乐,可以说比任何其他音乐作品都多。斯特拉文斯基本人避开了有关《春之祭》如何写作的讨论:"我在《春之祭》的创作中没有受到任何体系的指引……我只是《春之祭》的通道。"[3]

斯特拉文斯基这番话遭受了很多嘲笑。但是对听众来说,无论他们消息多灵通,总有一个关于这部作品的谜团。在某种程度上,它将永远是不可知的,而且我们在一定程度上希望如此。我们总是愿意相信斯特拉文斯基只是这个完全成形的、来自其他某处的奇迹的通道。但是与此同时不可抗拒的是,人们又试图尽可能多地了解音乐如何产生影响。到底有什么惊艳之处?具体来说,创新点在哪里?每一个在1913年听到、看到《春之祭》的人——无论是演奏的音乐家、跳舞的舞者或是香榭丽舍剧院的观众,都被同样的事所吸引:主要体现在和声史无前例的不协和与节奏的复杂性上。但也有其他方面的创新:在音乐作品的建构上,在它使用旋律的方式上，以及在它发出实际声音的配器上：那些碰撞、冲突，和乒乒乓乓的声音。

《春之祭》的结构

查看乐谱或录音上的乐曲列表，我们明白这部作品由两个部分组成，每一部分都有它自己的"引子"。第一部分有七场，第二部分有五场。这就是斯特拉文斯基和洛里奇在塔拉什基诺设计的芭蕾舞剧情，这也为音乐提供了基本框架。

第一部分：大地的崇拜

引子

春之预兆——少女之舞

劫持的游戏

春之轮舞

对抗部落的仪式——圣人登场

圣人

大地之舞

第二部分：献祭

引子

少女的神秘圆圈舞

赞颂被选中者

祖先的召唤

祖先的仪式行动

献祭之舞——被选中者

　　正如我们所见，斯特拉文斯基很快就让自己远离了这个戏剧场景，并在首演后不久开始把《春之祭》称为音乐厅交响乐作品。然而，这是什么交响曲？《春之祭》与海顿、贝多芬、勃拉姆斯和德奥传统的理性的交响乐理论相去甚远。尽管作品中似乎有大量的运动，但它似乎无处可走，它不会以贝多芬、柴可夫斯基或马勒交响曲的方式从A移动到B，从一种状态发展到另一种状态，从斗争到胜利，从黑暗到光明，它只是存在着。《春之祭》的音乐素材被组装成块状，它们被切割然后拼接在一起，以创建一个碎片化的现实，正如电影或斯特拉文斯基同时代的立体主义——毕加索和布拉克所做的那样。有些人把这种材料的处理方式比作马赛克镶嵌技术。作曲家乔治·本杰明把斯特拉文斯基在《春之祭》中的音乐素材处理方式描述为"把光秃秃的原始画板并置在一起"。[4]埃萨-佩卡·萨洛宁使用了多米诺骨牌游戏的类比，这些部件能根据我们永远不需要知道的神秘规则连接在一起，或加以重复。[5]即使对那些不识谱的人来说，"块状"原理也显而易见。翻开斯特拉文斯基散记乐谱，就像在看一个设计师精心绘制的页面，不同大小和密度的建筑块在彼此旁边或上方，有些是同一个物体的扩展或简化，另一些则完全相反或相对，但是不同音乐对象的界限总是清晰的，全都有硬性的边界。芭蕾舞团的不同场景相互独立，各部分的主题几乎不加展开，尽管一段音乐可能会插入到一个场景的中间，作为突然的电影倒叙或另一个场景的闪回。在之前的芭蕾舞音乐中，当从一个场景渐渐隐去、转成另一个场景时，都有过渡环节和流畅的音乐转换。在《春之祭》中，没有起连接作用的部分：过渡是突然、残酷而绝对的。

旋律，旧与新

一些在1913年5月听过首演的人抱怨《春之祭》没有曲调，没有旋律可听。这种感觉可能是由于听众初听时得到了大量的声音信息。实际上，《春之祭》充满了曲调。有些节奏缓慢而哀伤，如开场的独奏大管旋律或紧接着第二部分开始的"少女的神秘圆圈舞"曲调；另一些则快速、参差不齐且声势浩大，如第一部分的"劫持的仪式"和"对抗部落的仪式"。《春之祭》全都具有歌唱性；大多数音乐都很简单，几乎都带有民间音乐的味道。可能是因为他热衷于保留《春之祭》是在梦境中凭空而生的想法，斯特拉文斯基不愿承认《春之祭》对民间音乐的任何借用：他说，开场大管独奏的旋律是作品中唯一的民间曲调——他在立陶宛民歌集中发现一首婚礼歌曲。

20世纪70年代，斯特拉文斯基的作家朋友劳伦斯·莫顿不辞劳苦地寻找立陶宛民歌集，该民歌集于1900年由波兰修道士安东·尤什凯维奇在克拉科夫出版。他发现斯特拉文斯基使用的民间曲调比他承认的要多，有些几乎没有改变，有些被碎片化了，最多的是节奏上的变形，但都是可辨认的。《春之祭》中的其他旋律具有简单的四或五音符形状，听起来像民间音乐，但无法追溯到尤什凯维奇民歌集。我们只能推测斯特拉文斯基是否在其他地方找到了它们——或来自塔拉什基诺庄园为他和洛里奇演奏古斯里琴的谢尔盖·科洛索夫，或是他自己所作。也许旋律从何而来并不重要：可以说，民间音乐和《春之祭》中其他任何东西一样只是原材料，可以被操纵和变形，制造出惊人的新事物。但无疑民间曲调的使用——无论是真正古老的还是新创作的——都使《春之祭》深深扎根于过去，并且与人类的共同经验联系在一起。正如我们看到的那样，这些民间曲调的"另类性"与西方古典音乐结合在一起，让斯特拉文斯基的许多创新成为可能。

协和与不协和

伦纳德·伯恩斯坦说，《春之祭》包含了有史以来最好的不协和音。[6]音乐中的不协和意味着，在古典和声惯例下不会一起出现的两个或更多的音符同时发出声音。在欧洲古典传统中，从普赛尔到巴赫，从海顿到贝多芬，从勃拉姆斯到马勒，虽然都不拘一格地使用了不协和，但却达到了非常具体的表达效果。它是通往和谐之路的一种短暂状态，一种将要被解决的张力，一种将要被打开的结，一片总会消散、显露光亮的乌云。

构成古典和声基础的大小调自然音阶包含了这些等级关系和

张力。我们用于自然音阶音符的术语都是有等级顺序的：主音（基调）、属音、下属音、中音、导音。古典和声的语法取决于一个音符或和弦对另一个音符或和弦的引力，具体取决于它们在这种等级顺序中的位置。只有到达最重要的音——主音时，才能最终达到令人满意的效果。

早在19世纪60年代，瓦格纳就以著名的"特里斯坦和弦"*的不明确引力调侃了听众对协和的期待。20世纪初，当马勒创作他的晚期交响曲时，协和的满足感已经越来越迟缓了，如他《第五交响曲》里的柔板那样，它那痛苦的、长呼吸的乐句在最终必然转变前似乎永远逗留在不协和上。中途无论发生什么，我们仍然知道音乐的走向，并且确信转变最终会到来。

在当时的柏林，阿诺德·勋伯格谈到了"不协和的解放"。勋伯格宣称现在所有音都是平等的，并且由于不再有等级顺序，转变不再是必要的。斯特拉文斯基正好在完成《春之祭》时去了柏林，遇到了勋伯格，听了他的《月迷彼埃罗》（*Pierrot lunaire*）。《月迷彼埃罗》是一部由21个浓缩的微型歌舞剧组成的组曲：一位歌手兼演员缓慢而庄重地唱出发疯小丑的强烈表现主义歌曲，而室内合奏则演奏简洁而透明的音乐，其中音阶的所有十二个音飘浮而闪烁，没有任何和声引力或任何大调或小调和声的暗示。斯特拉文斯基印象深刻，但他并没有被诱惑走上那条道路——至少

---

* 由于其所谓的增音程堆积，乐剧《特里斯坦和伊索尔德》（*Tristan und Isolde*）开头的和弦对习惯古典和声语言的听众来说是高度模糊和令人迷惑的。

那会儿还没有。*

然而,《春之祭》的早期听众对不协和的和声依然印象深刻。在第一次演出后,评论家皮埃尔·拉洛写道:

> 这是有史以来最不协和的音乐……我告诉你……错音的体系和对它的崇拜从来没有像这个乐谱那样如此热情和持续地被实践过;从第一小节到最后一小节,无论人们期望什么音,都永远不会出现这个音,而是出现不应该出现的相邻音;无论上一个和弦似乎暗示了什么和弦,总会出现另一种和弦……这些并不是动听的和声、优美的和弦,伴随着细致微妙的音乐。它们是硬朗、强烈而丰富的和声,通过刺耳而新颖的音乐天性被自由地创造出来。这种音乐与我们最近的作曲家所写的东西没什么共同之处。[7]

人们经常引用拉洛生动的话语来说明《春之祭》在首演时激起的愤慨。但是,仔细阅读他实际写的东西,却能看出来他对斯特拉文斯基创造的全新又具有内在连贯性的和声世界充满钦佩。斯特拉文斯基避开了奥德音乐传统以目标为导向的、由引力驱动的方法,找到了一些不同的东西。他没有一直跟随勋伯格,像勋伯格那样选择完全不协和的和声。拉洛的评论谈到了这些暗示其他和弦的和弦:《春之祭》充满了熟悉的和弦,但它们并没有按你期望的那样进行下去。

---

* 直到1951年勋伯格去世后,斯特拉文斯基才开始将维也纳作曲家的一些创作思想融入他的音乐中,并使用了勋伯格在20世纪20年代发展起来的十二音或"序列"作曲方法的元素。

斯特拉文斯基过去经常用来创造不协和的最大胆、最简单的方法，是使用一个传统和弦，并在演奏它的同时，使用另一个在某个调上的传统和弦与第一个和弦构成不协和关系：最清楚的例子是双调性的降E七和弦／E三和弦，它贯穿了芭蕾舞剧开头部分的"春之预兆"的大部分内容。两个协和的和弦相隔一个半音构成不协和。单独演奏时，和弦听起来是协和的，而一起演奏就会产生紧缩的不协和，但是听者仍能感觉到有两个熟悉的东西在噪音中闪烁。

　　音乐学家表明，斯特拉文斯基新和声世界的一个重要来源，就是有意或无意地使用八声音阶的独特和声特性。他本来可以从他的老师尼古拉·里姆斯基-科萨科夫那儿学到这一音阶的秘密，里姆斯基经常将这一音阶的奇怪特质与魔术、巫术和神秘联系在一起。穆索尔斯基在《鲍里斯·戈杜诺夫》中使用了它，斯特拉文斯基在他的前两部俄罗斯芭蕾舞剧《火鸟》和《彼得鲁什卡》中同样使用了它。它被称为"俄罗斯音阶"，但不局限于俄罗斯人。1879年，法国贵族和业余作曲家埃德蒙·德·波利尼亚克亲王发表了一篇关于八声音阶和声可能性的论文，德彪西被这种可能性所吸引，使用了八声音阶和全音阶（见下面），并与自然音和声相结合，在他的音乐中创造了一种失去根基的、飘浮的音质。20世纪，奥利维埃·梅西安将其称为"第二有限换位调式"（the second mode of limited transposition），而且将其用作音乐中一种重要的色彩。[8]爵士乐手如查理·帕克和塞隆尼斯·蒙克将其称为减音阶（the diminished scale），并自由地用它在旋律与和声中发展成惊人的现代声音。好莱坞作曲家们使用八声音阶以让人脑海里浮现出超脱尘世的或黑暗力量的意象。摇滚乐队克里姆森国王和电台司令基于其悬而未决的音程创作歌曲。

与大、小调音阶不同，这种失去根基的、浮动的、悬而未决的特性是因为八声音阶是一种对称结构——它将八度音阶分为八个级进，严格地按照全音和半音交替进行——全音，半音，全音，半音，以此类推。（大调和小调音阶具有不对称的全音和半音分布，从而产生其固有的等级关系和张力。）伯恩斯坦所说的《春之祭》中"伟大的不协和"在八声音阶中很容易找到。同时，许多熟悉的和声也在那里被发现：大三和弦、小三和弦、减和弦。但是，与自然音阶不同，这些和弦用古典术语来说并不紧密相关；它们之间没有等级关系或引力，或一致的基调。因此，对于习惯了西方古典和声的耳朵来说，八声音阶给了我们熟悉的和弦，但它们彼此之间的关系却不常见。

八声音阶和声贯穿整个《春之祭》，但斯特拉文斯基将其与其他许多和声元素结合在一起，创造了另一个声音世界。带有古代调式的民间旋律让斯特拉文斯基在古典和声传统之外进行思考。另一种贯穿整个《春之祭》的音阶——全音阶——偶尔会出现。顾名思义，这种音阶是另一种对称结构。它出现在德彪西和巴托克的音乐中。［史蒂夫·旺德在《你是我生命中的阳光》（*You Are the Sunshine of My Life*）引子部分的上行音阶中使用了它。］全音阶最惊人的用法出现在第一部分结束时的"大地之舞"中，一个逐渐上行的全音阶从交响乐底部逐渐浮现，随着它的不断反复，这个全音阶在它吞没整个音乐之前变得越来越响亮。

在整个作品中，即使是在最不协和的段落中，听众也会觉察到熟悉的音乐对象。这就是《春之祭》尽管充满不协和，在经历最初的震惊后，依然能成为音乐厅中的流行作品的关键原因，而同期的勋伯格的音乐对于听众来说却仍然难以理解。对于斯特拉文斯基而言，熟悉的调性元素——和弦、旋律、固定低音*仍然存在，它们只是以惊人的新方式被排列。

发现大地的节奏

在《春之祭》首演当天的早晨，佳吉列夫的新闻稿向公众承诺，"它是音乐家大脑有史以来产生的最令人震惊的节奏"，正是这种节奏创新首先承载了这部作品的暴力和恐怖。在斯特拉文斯基创作《春之祭》半途写给洛里奇的一封信中，很显然他觉得在他创作时有某种神秘的东西向他揭示着春天的节奏："借助利落的节奏，整部作品我都给听众带来了一种人们与大地的亲密感、他们的生命与大地的共通感。"[9]

从节奏的视角来看，《春之祭》开始部分具有欺骗性："引子"是整部作品中唯一节奏自由、不受节拍驱动的部分。"引

---

*   ostinatos，一个反复出现的短小音乐模式。

子"中的旋律线交织在一起，好像它们是即兴创作、徒手绘制的。但是在作品的剩余部分，节拍、节奏和格律控制着音乐的每个部分。斯特拉文斯基不断打乱听众的节奏期待。与古典音乐在和声中建立节奏期待的方式相同，这部作品也存在使听众感到舒适的节奏型和结构，它们主要源于人类行走、跳舞或工作的重复性动作。小节中重复的二拍、三拍或四拍分组是标准化的，每组的第一拍都有重音，这些小节通常在更大的层面以四的倍数组合成乐句。从贝多芬交响曲到21世纪的流行歌曲，都是这样的标准。

但是，当斯特拉文斯基正在寻找大地的深沉节奏时，他发现了更可怕、更难预测的节奏模式。最明显的例子来自芭蕾舞剧的第一个舞蹈"春之预兆"，那是一种在"引子"松弛的节奏之后的残酷震惊。在小节中两个有规律的节拍中，有一个滞重的节拍冲击着整个场面。但是，这个规律性的节拍被完全无法预测的刺耳重音切入。

《春之祭》破坏节奏秩序的另一种方法是当一种节奏型重复时简单地增加或减少拍子。这种节奏设置具有古代和现代双重的根源。一方面与民间旋律有明显联系，民间旋律常常自由地扩展或收缩一拍或两拍以适应歌词。但这也是立体主义的节奏方法，一种被折射的现实，一种十足的20世纪中断叙事。在最后的"献祭之舞"中，"被选中者"舞蹈至死，仿佛斯特拉文斯基已经为她创作了不断重复的旋转舞，然后将其切成碎片，每个碎片的长度略有不同，并以出乎意料的间隔重复。重新组合后的舞蹈是破裂的、停顿的、不确定的，以及令人震惊的。

在其他地方，斯特拉文斯基采用不同长度和速度的相对简单的节奏型，并将它们彼此叠加，以创造节奏上的复杂性。（这与非洲传统音乐有很多共同点，尽管我们知道此时毕加索正在看非洲雕塑，但没有证据表明斯特拉文斯基遇到过非洲节奏。）在"对抗部落的仪式"中引入"圣人登场"，随着不同长度的重复乐句相互叠加，音乐逐渐累积成巨大的不和谐音。声音效果就像是一些巨大的、震耳欲聋的机械装置，带有齿轮和大小不同的活塞，运转速度与重复频率也各不相同。它们也许是深沉的大自然节奏，也许是工业化的20世纪节奏。

声音能量

《春之祭》的声音变动极大，从作品开始于寂静中出现的单一的高声部大管旋律，到"圣人登场"的可怕噪音和紧随其后的"大地之舞"的喧闹声。任何作曲家在开始创作一部新作品时，最关键的是要设计它发出的声音以及使用的乐器。在这方面，斯特拉文斯基并不特别具有革命性。《春之祭》实际是为一支有弦乐器、木管乐器、铜管乐器和打击乐器的晚期浪漫主义交响乐团而作。乐团规模是庞大的——斯特拉文斯基使用过的、至少是他之前曾使用过的最大的乐团——但鉴于当时的最高标准，这并非例外：马勒的《第八交响曲》（所谓的"千人交响曲"）在1910年曾用庞大的管弦乐团和声乐团进行表演；1913年年初，勋伯格的《古雷之歌》(Gurrelieder)以类似的庞大阵式在维也纳首演。但是斯特拉文斯基之所以能够创造出最大的声音冲击力，是因为他选择了一些特定的乐器，并革命性地使用了乐团中的这些乐器。

在浪漫主义管弦乐团中，弦乐器是最重要的，承担着音乐的旋律和情感核心。在《春之祭》的乐队中，情况并非如此。弦乐器从属于木管乐器、铜管乐器和打击乐器。斯特拉文斯基确实偶尔给它们曲调，但弦乐器很少像它们在整个19世纪的音乐中所表现的那样，总体呈现出持续而悠扬的效果。它们通常被分门别类执行不同功能：被用作伴奏，为其他地方出现的音乐增添色彩或深度，或者发挥其节奏性和打击性作用。在"春之预兆"的开头，低音弦乐器以沉重的下弓和厚密的双调性和弦击打出反复出现的"预兆"和弦。耳朵可能误以为正在听巨鼓发出的声音。

木管乐器和铜管乐器部分规模很大，在极高和极低音域增加了乐器。因此，在最高声部，斯特拉文斯基添加了较小的D调和ᵇE调高音单簧管、长笛部分的两支短笛和D调高音小号。在最低声部，有中音长笛、两支低音单簧管、低音大管、低音小号和两个低音大号。因此，《春之祭》将极端的安静与喧闹和极端的高与低相匹配。正如弦乐器的反常演奏一样，木管乐器让人出乎意料：开场的高音区大管之所以迷惑了首演的观众，是因为它的演奏超出了正常音域——这是什么奇怪的声音？历史上大张旗鼓的小号，在整个作品中演奏了最安静的时刻之一——第二部分"引子"中一个暗淡的小二重奏。

《春之祭》管弦乐团中有一些令人惊讶的省略：竖琴、钢琴和钢片琴是当时芭蕾舞剧中华丽管弦乐的一部分，斯特拉文斯基曾在《火鸟》和《彼得鲁什卡》中用它们增添光泽。但是，也许对于这个异教徒仪式来说，这些太富于装饰性、太多此一举了。乐队的打击乐部分更适合用来表现俄罗斯春天的残酷。但令人惊讶的是，斯特拉文斯基的打击乐器组规模相对较小：《春之祭》通常只使用四位演奏者。埃德加·瓦雷兹的管弦乐作品《阿美利加》（*Amériques*）正好作于五年之后，却需要十一名打击乐手。在《春之祭》的打击乐部分，铜锣、刮胡（guiro，拉丁美洲的一种刮擦乐器）和大鼓相结合，创造出了"圣人出场"和"大地之舞"的灾难性噪音音乐。但是，在关键时刻驱动这部作品能量的正是这两套定音鼓，最重要的是在最后的"献祭之舞"中，他们持续而反复地击打，释放着年轻姑娘牺牲的循环的残暴。

如果打击乐部分在催生《春之祭》的残暴中扮演着重要角色，那么斯特拉文斯基最具创新性和震撼力的、达到这部作品前所未有的声音能量的方式体现在：他把整个乐团变成了一种巨大的、虚拟的打击乐器。有很多这方面的例子。我们已经在"春之预兆"这部分领略过弦乐听起来像一个巨鼓的方式。切入节拍的猛击不是由打击乐器创造的，而是来自所有八个吹出断奏和弦的圆号——听起来完全像在一个更响亮、干燥的鼓上撞击。同样地，在最后的"献祭之舞"中，乐队大多以整齐划一的节奏不断地演奏浓密而不协和的和弦，每一次的抽搐都由定音鼓上的一次重击而引发。随着最终献祭的恐怖展现，整个乐团变得像打击乐器一样：音高从属于节奏，音乐正在变成噪音。

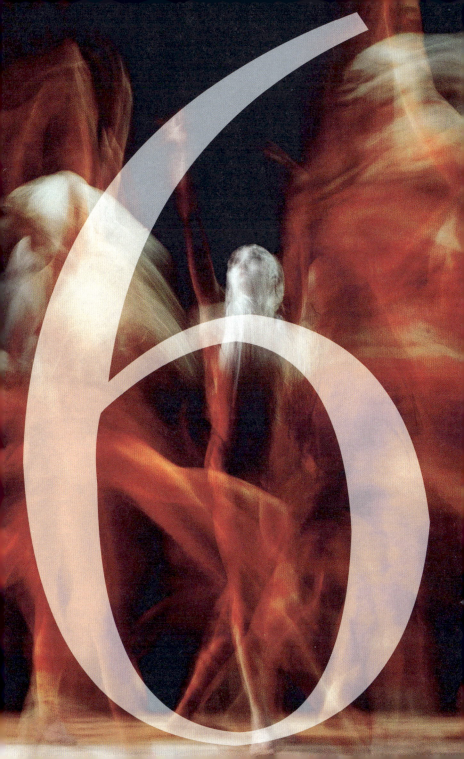

* * * * * *

循序渐进的仪式：聆听指南

最好结合录音阅读《春之祭》的逐场聆听指南。大多录音根据芭蕾舞剧的场景被分成单独曲目。场景很短，长度在四十秒到四分半钟，让描述的音乐变得简单易懂。出于场景定位和历史色彩的考虑，有些说明参照了米莉森特·霍德森和肯尼思·阿彻对尼金斯基原始编舞的重构。

第一部分：大地的崇拜

引子

《春之祭》开始于大管上一个绵长而孤单的高音，由此而来的一个单线旋律下行之后又上行，就像来自远山的石器时代吹笛者的即兴吹奏。曲调很快被圆号的摇晃动机和一对在音阶上平行向下爬行的单簧管着色。英国管的号角声回应了大管，自信地成长，在其他管乐器的簇拥下伸展成一条旋律，音乐开始听起来像斯特拉文斯基所说的俄罗斯苇管乐器（dudki）。斯特拉文斯基在另一时间称这个"引子"就像大自然醒来，[1]当弦乐器一个响亮的弹拨性装饰穿过乐队向上发射出能量之光时，大自然显得动荡不安，发出鸟鸣声、昆虫的嗡嗡声和翅膀的振颤声。依然主要由木管乐器演奏的音乐像风箱一样扩大、膨胀和泄气，随着低音弦乐器和低音单簧管的跳动而出现节奏和节拍。通过单一乐器和木管合奏之间的坚定呼唤和回应，试图在混乱中建立秩序。这逐渐累积到高潮，并突然中断。独奏大管以同样的旋律回归，这一次停留在更低的音上。单簧管的颤音引入了一个在小提琴上大声拨奏的嘀嗒作响的固定低音（ostinato）——有机自然世界中一个陌生而机械的物体。单簧管即兴的下行装饰是混乱的最后一击。六把中提琴奏出的幽灵般的和弦与圆号和单簧管奏出的另一和弦无缝对接，固定低音回归。散记乐谱的此处，有用蓝色铅笔写的"幕启"（rideau）一词。

春之预兆——少女之舞

随着圆号难以预测的吹奏，弦乐器连续猛击出不协和"预兆"和弦的沉重拍子。几次重击之后，音乐从"引子"切入了嘀嗒作响的固定低音，这一次是在英国管上。我们意识到，固定低音与低音线条的拨奏大提琴一起，是"预兆"和弦的骨架——中间快速的大管音型增加了另一种八声音阶的和声色彩——它将推动这舞蹈直至结束。连续猛击的和弦回归。在尼金斯基的编舞中，舞台上的人类部落被这种节奏强迫进入重复的机器舞蹈。一直处于停滞状态的老巫师，现在被木管乐器的高音劈砍，唤醒了生命，在舞台上跑来跑去，用白桦树树枝寻找春天的迹象。评论家埃米尔·维耶尔莫描述了音乐对尼金斯基舞者们的影响："它把他们扔向空中，灼伤了他们的脚底。斯特拉文斯基的诠释者们不只因为节奏触电，他们被电死了。"[2]之后随着民间旋律的不断积累，大管在嘀嗒作响的固定低音上引入了尖锐的、祖父般慈祥的曲调，并被其他管乐器嘲笑般地模仿。定音鼓和低音铜管的碰撞戏剧性地打断了它，只为恢复嘀嗒作响的固定低音，在其自身巨大的切割了的变体中从顶端到底端切割音乐。重新建立后，一种新的民间曲调加入，在独奏圆号上蜿蜒行进。此时此刻，在尼金斯基版的芭蕾舞剧里，年轻的姑娘们从河边走来，加入他们的舞蹈，庄重的霍罗沃德舞如赞美诗一般，在铜管上平行三度的方式奏出，很快加入的三角铁、古钹带来了温暖与闪光。在音乐增强和舞蹈高潮中，女性能量的注入制造了张力，伴随着迂回而脉动的舞曲，以及层层递进、不断叠加的曲调和固定低音，达到舞蹈的高潮，在铜管上出现了一条响亮而崭新的全音阶低音线条，将舞蹈带入只能称作情欲狂热的音调。

劫持的仪式

在这部芭蕾舞剧的故事里，年轻人玩一种男人可以绑架女人的游戏，对最终真实发生的事进行仪式化演练。但这里的音乐告诉我们，这种追逐游戏实际上是无情又恐怖的。大鼓和定音鼓的剧烈敲击触发了这一行动[3]，并在木管乐器上引出一个贯穿乐队始终的、自我追逐的锯齿状跑动的主题。劳伦斯·莫顿已将此主题确定为立陶宛民间曲调之一，但没有缠绵的享受。这是一种狂热且具有胁迫性的追逐音乐：猎号吹响了警报，不断变换的节拍增加了恐惧的气氛。以21世纪的后见之明，我们将电影张力与一些

第144—145页图
尼古拉斯·洛里奇所作的《祖先》，1912年。一种想象中的史前特性描绘，其中人们与自然和谐相处。

特殊乐器效果相关联，这些乐器效果被大量使用：震音演奏的弦乐器，小号和长笛上的快速双吐——失去根基的八声音阶和声加剧了不安感。当乐队在高潮以节奏一致的方式聚集在一起时，我们听到了"对抗部落的仪式"的闪前，但这并不能消除恐怖，在这一场快要结束时，弦乐器似乎已无路可走，伴随着追逐的主题原地兜圈子，乐队发出巨大的锤击声。然而，小提琴在这种残暴中奏出长而高的颤音，提供了一条出路。

春之轮舞

长笛接管了高音区的颤音，织体清晰。与颤音相对，单簧管以开放的八度奏出宽阔而缓慢的咒语。劳伦斯·莫顿告诉我们，这种咒语由两首立陶宛民歌剪切拼接而成。"春之轮舞"是《春之祭》在俄罗斯民间传说根源上最明显的场景。它是一种具有遥远异教历史的、直线行进和转圈的歌唱、行走与舞蹈游戏。当无边际的咒语中断时，舞蹈便郑重开始。乐队从最底端开始演奏沉重而又一再出现的伴奏段落，它的节奏像一架深沉的、呼哧呼哧的手风琴，同时推动、拖曳着舞蹈行进。尼金斯基让他的舞者们反复向地面鞠躬，以展示这首曲子的深厚，被高音木管乐器苇管乐器式的插话打断了几次。然后，伴奏重复段的三个反复出现的最高音变成一条以平行三度方式进行的旋律，就像唱出的霍罗沃德舞；我们把它看作两场之前的"少女之舞"中预兆曲调的闪回。像《春之祭》中的很多部分一样，这部分材料以镶嵌、切割的方式进行了处理：苇管乐器的插话音乐相同，但规模不同；霍罗沃德旋律内部充满了重复及意想不到的延长和缩短，似乎卡在了个别音符和音型上。在这一场的高潮，巨大的打击乐器撞击，引发了更恐怖的霍罗沃德舞曲调变体（version），这个变体此时正被整个乐团"尖叫"着奏出，被咆哮的不协和性"玷污"，并且在其内部节奏形态的困境中越陷越深。突然而短暂地闪回到"劫持的仪式"的恐怖音乐中，同样在突然间，音乐回到了本场开头高音咒语的平静之中。

对抗部落的仪式——圣人登场

我们突然被抛入两个部落之间激烈的战争游戏。这也许是芭蕾舞中最直接的说明性音乐，一种电影般的战斗场面。它以定音鼓和低音铜管响亮的、如拳击般的姿态进行自我宣告，然后切到弦乐和木管上一段有力的断奏音乐，之后被来自乐队其他地方更强大的自身变体所回应。战斗一直持续到一种新的元素引入，一种流畅的、常见的平行三度再次加厚的民间音乐，在乐器间传递。有力而短促的搏斗音乐回归，被残酷而猛烈的低音支撑和鼓舞，接管了整个乐团。在原始编舞中，此刻尼金斯基的战斗部落以残暴的一致性一起舞蹈，也许是在联合起来对抗即将出现的更强大的力量。当平稳的民间曲调恢复时，加入了一个奇特的外来元素：在调性冲突中，一段长呼吸的重复旋律在两个次中音大号和两个低音大号特别有穿透力的声音上奏出。这预示着最年长、最智慧的圣人的到场。它也触发了这一部分结尾毛骨悚然的音乐机器，用不同长度和速度的音乐模块彼此不断碰撞、转动、刮擦，发出嗡嗡、哐啷声，而圣人行进的奇特大号曲调穿过音乐，无情而漠然。同样，尼金斯基的舞者们也被圣人的恐怖抛入他们各自的机械运动模式中，每个人都迷失在自己重复的、梦魇般的世界。

圣人

芭蕾舞剧的这一转折点仅持续了二十五秒左右——四小节音乐。大管奏出一个安静的和弦；从另一大管和两个低音大管中传出的抑扬格心跳节奏出现了四次。在这部芭蕾舞剧中，所有人的目光都集中在那位弯腰亲吻大地的老圣人身上；当他这样做时，大地安静地回应了一个幽灵般的和弦。

大地之舞

老人的大地之吻释放出混乱。大鼓的低沉隆隆声瞬间膨胀为一种地震般的咆哮，驱使我们进入"大地之舞"。雷鸣般的鼓声一直持续到这一场景的尾声，推动着一分多钟的无穷动（perpetual motion）。斯特拉文斯基在这一部分其中一张散记页面顶部写道："有节奏的地方就有音乐，正如有脉搏的地方就有生命。"此外，在这一部分的散记中，他还写了两段旋律，虽然我们不知道它们的来源，但似乎是民间曲调。通过乐谱肯定可以发现这两段旋律的曲调，但是音乐的绝对速度和狂热意味着它们几乎无法被耳朵辨认。它们已经失去了自身可能拥有的明显的民间曲调特征，从这点来看，它们仅被当作用来掀起前半部分恐怖高潮的素材。它们中的其中一个像快速的吉格舞曲一样在音乐中疾驰而过，使舞蹈不断向前推进。第二段一个看上去天真无邪的曲调（带有全音阶的感觉）一开始就破裂为快速机枪射击般铜管和木管音乐的来源，因高度伪装而极具迷惑性。雅克-埃米尔·布兰奇在不久后的"立体主义战争"中回忆的肯定是这部分音乐。第二段民间曲调也产生了上行的全音阶低音线条，我们逐渐注意到，这是整个场景的基础。在这可怕的一分钟左右的音乐快要结束时，大号放大了这条上行的低音线，它似乎正从地心冒出来吞噬音乐。此时，音乐戛然而止，我们也陷入了沉默。

第二部分：献祭

引子

　　白天变成了夜晚。第二部分的"引子"在这部芭蕾舞剧的最初版本中随着幕布的降落，奏出的音乐既表现了迷人的夜晚，又是对即将到来的暴行的预示。在这里可以发现作品中最丰富的和声。音乐开始于两个相隔一个全音的小三和弦之间的轻柔摇晃（^{b}E小调和$^\#$C小调）。但是它们被长号和双簧管安静而持续的D小调和弦所包围。与其他两个和弦相比，D小调可能是最不协和的，但就像"预兆"和弦的双调性碰撞一样，听起来并不刺耳，斯特拉文斯基运用空间和配器给这种不协和带来一种丰富而柔和的音质。这是浓厚的夜之和声。随着这些密集和声开始四处移动、急速上升和下落，一首慢速民歌开始在高音弦乐器上飘浮，预示着将在下一幕出现伴随年轻女孩神秘圆圈游戏的哀伤曲调。年轻女孩们的曲调随后披上了开场的浓厚和声外衣，并在乐队各部分之间传递，仅仅被几乎安静得令人震惊的音乐所打断：一个紧密交织的小号二重奏片段。然后，小号二重奏旋律被其他乐器取代，并被来自作品开头的大自然黎明复苏的夜晚音乐变体所围绕：单簧管像夜莺一样反复、向上呼喊，四周沙沙声、刮擦声和振颤声此起彼伏。在乐谱中标记为"十分遥远的"（très lointain）年轻女孩曲调，通过圆号发出另一次微弱回声后，最后一次听到了小号二重奏音乐，现在沉入管弦乐团的阴暗深处。从这种幽暗中升起一小节极其甜蜜的大提琴独奏。这一次，散记此处用绿色铅笔写着幕启一词。

少女的神秘圆圈舞

用斯特拉文斯基的话说，幕布在"仿佛焊在一起"围成一圈的少女背景上升起。这是另一个圆圈舞，但风险更高：这一次，"出局"的女孩必须死。我们首先听到的，是来自第二部分"引子"的年轻女孩的曲调，由伴有大提琴吉他般拨弦伴奏的中提琴声部演奏，曲调奇特。在这一曲调的结尾，阴郁的、加弱音器的圆号出现一个和弦，它将在这场后面以更明确、邪恶的角色回归。紧张的单簧管颤音和上行的弦乐器震音增强了恐惧感，并在中音长笛上引入一个类似民歌的新曲调，为了增加不安感，这一曲调之后重复出现，就像走音的管风琴一样在高度不和谐的大七度中加倍。新曲调在突然被打断之前就已确立。低音弦乐发出击鼓声。斯特拉文斯基给尼金斯基的便条上要求舞者在这一点上要进行"摇铃运动"，这里新出现的下落曲调是一个缓慢敲击、叮当作响的音型。随着年轻女孩们再次蜷缩在一起并慢慢转圈，又切回了她们的旋律。但是这一次，当音乐在加弱音器的圆号和弦上冻结时，大提琴的突然弹拨给音乐增添了一丝刺痛，其中一个女孩跌落在地板上。圆圈舞再次开始，音乐再次冻结在圆号和弦上，这个女孩再次跌倒。她输掉了这场游戏，被选中了。圆号和小号发出警报声，音乐以快速的音阶向上猛冲，到达失控的边缘，然后通过十一次毁灭性的锤击撞在一起。

赞颂被选中者

在尼金斯基版本的芭蕾舞剧中，"被选中者"仍然冻结在圆圈中央，但是围绕着她的女孩却被野蛮的音乐节奏投入重复的动作模式。"赞颂"是这部芭蕾舞剧中最后的狂欢音乐——相比之下，最后的"献祭之舞"在大部分情况下是紧绷且受控的，因此更加冷酷。在这里，《春之祭》的大胆节奏是最裸露的：音乐家们正在数两小节的五拍，下一小节就变成了七拍，再下一小节为三拍，再下一小节为四拍，等等。在我们进入"献祭之舞"之前，它或许也是马赛克或多米诺骨牌风格移动音乐材料的最明显的例子。

五个不同的观念重复，以难以预测的方式相互交织。开启舞蹈的第一段音乐素材向上冲紧接着向下奔跑，整段音乐被五拍的不平衡低音推离地面。在尼金斯基的编舞中，每次出现这一姿势，舞者都会被抛入空中。素材的第二段是一个在弦乐器、圆号和双簧管上出现的欧-恰（oom-cha）音型——很容易想象到斯特拉文斯基在他寄宿寓所的钢琴上敲出它；第三段是欧-恰的下行变体；第四段来自前一场十一次锤击之前的快速上行音阶；第五段是尖叫式铜管部分，带有弦乐器眩晕性滑奏。所有这些音乐片段都被切成不同尺寸，四处运动以形成扭曲、脱节的立体主义舞蹈，以纪念这个注定死亡的女孩。

祖先的召唤

正如其他部分经常发生的那样，"赞颂"之舞并未结束，但在半空中被残酷地切断，我们发现自己被扔进下一场。鼓和管弦乐团低声部乐器的喧闹将我们带到低沉而持续的 $^{\#}$D 上，为整个短暂乐章提供了深厚的基础。正如尼金斯基的舞者在上一部分被乐团的上行尖叫抛向空中一样，他们被这种向下的猛击打倒。在这个持续低音的上方，木管和铜管的合唱闪耀着一首赞美诗般的圣咏，并配以明亮的以 C 大调为中心的和弦，充分自信地召唤着祖先。乐器的合唱占据了乐团的不同部分，仿佛由近而远，而且正如我们所期望的那样，节奏是不规则的、破碎的、不可预测的。

祖先的仪式行动

祖先们绕着被选中者旋转，为献祭准备场地。被重新想象成鼓的弦乐器和圆号与用新奇铃鼓制造出轻柔鼓声的打击乐部分相结合，身着熊皮的祖先合着鼓点绕着舞台蹑手蹑脚地行走。英国管以一段耍蛇般的旋律向上爬行，中音长笛很快加入，增添了浓重的神秘感。一种新曲调浮现，就像在低音小号奇怪而空洞的声音上进行的一个遥远的列队行进。理查德·塔鲁斯金将这一曲调连同它简单的四音下行形态，与一种用以唤醒春天的俄罗斯西部歌曲联系在一起。在"春之轮舞"章节一个霍罗沃德曲调的闪回中，行进曲调被突然放大，整个乐团尖叫不已，音乐织体中部的不协和运作使它进一步加剧。它突然停止却很快回归，这一次更加响亮，凭借高音区尖锐的木管乐器、弦乐器以及全部的打击乐器，甚至变得更不协和。音乐再次中断，我们回到了开头的击鼓声和耍蛇般的曲调，这次是在低音小号上。当低音单簧管跟着鼓点进行了一阵即兴演奏，一度让鼓点停滞不前时，我们感觉到，将有大事发生。低音单簧管上，一个断奏音阶向下冲。跟在斯特拉文斯基音阶框架之后的，是用铅笔书写的"剧终"。尽管让人难以置信，但这位作曲家短暂地抱有将"献祭之舞"放在这首乐曲之前的想法，让《春之祭》逐渐减到很弱（pianissimo），置于低音单簧管音阶底部。但他已经有了第二个想法，低音单簧管的奔跑成为能量出口，我们通过它被猛掷入最后的灾难。

献祭之舞——被选中者

"献祭之舞"由于其相对克制更加令人心惊胆战。就像"赞颂被选中者"一样,这是一种破碎的立体主义舞蹈,但是这一次不断的切割和停顿显得更刻意、更残酷、更具灾难性。它是芭蕾舞剧最长的部分,但与其他部分相比,音乐不是特别快,也不是特别响亮,并且除了有短暂的插曲外,也没有特别疯狂。舞曲的大部分没有对位:管弦乐团节奏一致,其全部的打击性能量集中而有纪律,紧紧地围绕着受害者。舞曲以弦乐器的下弓进行断奏性演奏的紧张且反复的和弦进行自我宣告,很像第一场中的打击性"预兆"和弦。此和弦在和弦结构上也类似于"预兆"和弦:D7和弦和 ♭E 三和弦混合在一起;同样地,两个和弦相隔半音,造成了一种打击性的不协和。

反复出现的"献祭之舞"开头部分的音乐由简短动机或细胞组成,当它们重复和相互交织时,在长度上进行扩展和收缩。观看尼金斯基舞蹈编排的还原是了解这一结构运行的好方法。尼金斯基的"被选中者"为四个音乐细胞的每个细胞找到了四个类型的动作。第一个类型的动作为开场的重复和弦所设计,每个和弦都用从膝盖弹回的双腿把她推向空中;第二个类型的动作是一个总是跟随着重复和弦的三音下行音型,使她向右转,抬起双臂;第三个是高音区铜管五个音的号角齐鸣音型,她的右臂在跳跃时

瓦伦丁·雨果根据彩排画面绘制的草图复制品,描绘了"被选中少女的最终献祭之舞",以及该部分的音乐片段。该画发表于《蒙茹瓦!》杂志,1913年6月。

呼呼地挥舞；第四个又是一个高音铜管音型，有时两个音长，有时三个音长，她向着祖先围成的圈子边缘跑去，为了自由而挣脱。短乐句通过乐团底部低音提琴和定音鼓的击打而变得活跃。

在这种紧张的立体主义舞蹈仅仅持续了三十秒左右之后，音乐织体突然变化：真正的打击乐消失了，低音铜管和弦乐再次变成了实质上的鼓，击出低沉的拍子。在这一部分，我们看到尼金斯基的"被选中者"应着鼓点在圆圈中心恐惧地颤抖，每当木管和铜管上剧烈尖锐的下行音型切入音乐时，都企图进行一次逃离。在紧张而精确重复的开场舞曲下降了一个音后，我们来到了短暂释放狂野酒神力量的部分：低音鼓的雷鸣，打击性的乐团齐奏，以无拘无束的对位围着乐团的铜管和木管乐器的全音阶喊叫。尼金斯基让这个女孩在此处达到极限，一再地崩溃、挥舞、击打地板，又振作起来，拖着疲惫的腿试图行走。

紧张的开场舞试图闯入酒神音乐，但最终在作品的最后一刻重塑了自我。"被选中者"勇敢地再次开始了她的舞蹈，但随着动机细胞以更近的时间间隔一再重复，音乐愈演愈烈，整个乐团统一在一个重复性的、打击性节奏一致的动机上，鼓和低音乐器的活动频率加快，声音的空间所剩无几。此时音乐中断。在长笛急速上冲时，"被选中者"倒地而死。最终，在向下坠毁的过程中，部落成员将她的尸体举向天空。

* * * * * *

余震

音乐厅中的《春之祭》

在灾难性的首演不到一年时间之后,《春之祭》再次在巴黎上演时去掉了芭蕾舞,1914年4月5日,以音乐会演出的形式在巴黎赌场上演。皮埃尔·蒙都指挥了这场音乐会,但除此之外,局面与1913年5月别无二致。这场演出取得了很大成功,观众们全神贯注地静静听着,据斯特拉文斯基自己称,他是在一个崇拜者的肩膀上被抬出剧院。据称佳吉列夫评论道:"我们的小伊戈尔现在需要警察护送他离开音乐会现场,就像一位职业拳击手。"斯特拉文斯基恶作剧地补充道,佳吉列夫"总是非常嫉妒我在他的芭蕾舞剧之外取得的任何成功"[1]。但是,第一次世界大战的爆发阻碍了进一步的演出,直到1921年印刷乐谱才出版。在整个20世纪20年代,《春之祭》逐渐开始在欧洲和美国更有规律地演出。1929年,皮埃尔·蒙都与巴黎交响乐团合作进行了第一次商业录音,斯特拉文斯基在同一年紧随其后。1930年,列奥波德·斯托科夫斯基和费城交响乐团在美国进行了第一次录音。

这部作品对于管弦乐团演奏来说被认为是困难的,但随着20世纪的发展,它已作为主要表演曲目而在舞台上占有一席之地。到目前为止,已有多达165次商业录音。到了20世纪70年代,技术娴熟的青年管弦乐团开始演奏它:皮埃尔·布列兹于1975年指挥了英国国家青年管弦乐团。1988年,伦纳德·伯恩斯坦在与石荷州管弦乐团的学生进行的拍摄彩排中说,曾经几乎无法演奏的作品现在成了"理想孩子的作品",显然他很享受一个事实——这部有关青春和新生的作品现已为技术娴熟的青年音乐家所接受。随着《春之祭》成为音乐厅的固定曲目,指挥家与管弦乐团面临一个新的挑战:他们如何才能避免陷入驯服这只危险野兽的泥沼?指挥家埃萨-佩卡·萨洛宁说:

> 它的实际演出不再是一个挑战:现在更多的是如何让它听起来更加困难且具有冒险性,比如反常的、恐怖的、可怕的。它正在成为管弦乐团可以大显身手的浮华音乐会作品。要说如果有一部作品不应该是这样的命运,那就是《春之祭》。[2]

米尔嘉·格拉日奈特-泰拉是另一位坚称《春之祭》绝不应该变得循规蹈矩的当代指挥家:

> 这绝对是不正常的……你必须发现身体中原始而裸露的能量和难以置信的大地重量……它必须处于古典音乐和噪音的边缘。[3]

斯特拉文斯基本人曾多次指挥《春之祭》,并录制过三次。他鄙视将不断变换节拍视为一个巨大挑战的"指挥家神话":"它费力但并不困难——指挥家只不过是一个机械的代理人,一个在每个部分开头打响发令枪,但让音乐自行运行的节拍器。"他将这部作品与同时期的另一部作品——被他认为有赖于"指挥家的微妙细节"而取得成功的阿尔班·贝尔格的三首管弦乐小品——进行比较。[4]

指挥家马林·阿尔索普支持斯特拉文斯基的观点:

我试着为每个部分找到正确的节奏和律动；当你让一大群演奏者在同一个节奏上时，那是一种奇妙的感觉：在那之后，你就不需要像指挥家一样做那么多了。[5]

弗拉基米尔·尤洛夫斯基赞成指挥家在《春之祭》中的主要工作是实现斯特拉文斯基在乐谱上所做的非常精确的指示，几乎没有留有主观解释的空间：

在过去浪漫主义时期的其他作品中，你可以在不破坏作品核心的情况下给音乐加上一层解释。在《春之祭》中，作品的本质体现为，你需要把它裸露出来，而不是在上面加任何东西。[6]

《春之祭》的影响

很难想象20世纪的经典音乐没有《春之祭》。它无处不在，即使很少有作曲家敢于直接接受它。罗伯特·克拉夫特在介绍斯特拉文斯基《春之祭》草稿时，把它与后来所有音乐的关系描述为"一位祖先，一头孕育了整个现代运动的优秀公牛"。直接的敬意往往出现在《春之祭》生命的早期。22岁的普罗科菲耶夫在1913年夏天抵达巴黎，但为时已晚，他没能听到《春之祭》的首演，但他设法弄到了一份乐谱。第二年，佳吉列夫在伦敦遇到了普罗科菲耶夫，他希望自己身边还有另一个斯特拉文斯基，于是委托他以异教俄罗斯主题为俄罗斯芭蕾舞团的巴黎季写一部芭蕾舞剧。

佳吉列夫把他介绍给了诗人谢尔盖·戈罗德茨基，他们一起创作了一部芭蕾舞剧，名为《阿拉和洛利》（*Ala and Lolly*），这部芭蕾舞剧基于过去激发了洛里奇《春之祭》设想的古西古提人和游牧部落的故事、仪式。新芭蕾舞剧的异教俄罗斯主题，以及狂欢的舞蹈、重复的节奏和不协和的和声都明显有《春之祭》的影子。但普罗科菲耶夫的节奏是有规律的，不和谐总是被化解，它鲜明的原创性与它鲜明的模式有着本质上的不同。因为《阿拉和洛利》过于传统，对俄罗斯芭蕾舞团来说不够现代，佳吉列夫拒绝了它。普罗科菲耶夫把这首曲子改编成名为《西古提组曲》（*Scythian Suite*）的音乐会作品，获得了成功。

33岁的法国作曲家埃德加·瓦雷兹于1915年来到纽约后不久，就开始创作大型管弦乐作品《阿美利加》（*Amériques*），该作品与斯特拉文斯基的芭蕾舞剧在残酷、沉重的节奏以及音乐与噪音之间的关系上有着惊人的相似性。这部作品几乎直接引用了《春之祭》，从开头蜿蜒的长笛旋律开始，与《春之祭》开头的大管独奏乐段是近亲；这是由竖琴伴奏的一种固定低音，使用了与《春之祭》"春之预兆"部分嘀嗒作响的固定低音完全相同的音符。《阿美利加》被描述为一个城市版的《春之祭》，纽约的汽笛声，高架铁路、河流和道路交通的哐啷和摩擦声，都在音乐中清晰可见。瓦雷兹对机械化的20世纪的世界描绘，比斯特拉文斯基的更为明确，但《阿美利加》也与它的前任一样，都有一个史前的背景：这些美洲人是古老而神秘的，同时又是现代而工业化的。

斯特拉文斯基站在他的指挥台上。

自称"音乐坏男孩"[7]的美国作曲家乔治·安太尔在1924年的《机械芭蕾》(Ballet mécanique)中进一步推进了机器音乐观念[*]，在这部作品中，警报器、钢琴演奏和飞机螺旋桨都出现在管弦乐团中。《机械芭蕾》的音乐在撞击性不对称舞蹈节奏和立体主义碎片结构方面很大程度上归功于《春之祭》。正如瓦雷兹的《阿美利加》一样，旋律片段的直接引用散布在乐谱中，开场直接把我们带入音乐中的场景——听起来像来自《春之祭》第一部分结尾"大地之舞"的精简版。在后革命时期的俄罗斯，机器音乐具有政治含义。1927年亚历山大·莫索洛夫的《铸铁厂》(Iron Foundry)是为庆祝苏联的钢铁生产而创作的，却无比接近斯特拉文斯基古代仪式中"圣者登场"的复合节奏喧闹。

　　随着时间的流逝，20世纪过去了，《春之祭》在节奏、配器与和声方面的创新被新音乐所吸收，尽管很少有明确的致敬：它只是让其他一切成为可能。于是，对于从瓦雷兹和捷尔吉·利盖蒂到诸如斯蒂夫·莱奇的美国极简主义者，以及对之后路易斯·安德里森、迈克尔·戈登和茱莉亚·沃尔夫的工业化后简约主义来说，节奏可以像音高一样成为音乐重要特征的理念已经成为一种解放性思想。在噪音边缘摇摆的《春之祭》，肯定影响了达芙妮·奥拉姆、卡尔海因茨·施托克豪森和伊阿尼斯·泽纳基斯等电子音乐先驱。20世纪80年代，哈里森·伯特威斯尔为大型管弦

---

[*] 音乐的最初是为弗尔南德·莱热的同名立体主义艺术电影配乐而构想的。

乐团创作了《大地之舞》（*Earth Dances*）。它使用了移动的地质层般的管弦乐织体和模式，音乐和标题都明确地致敬了《春之祭》。

奥利维埃·梅西安音乐中狂喜而丰富的灵性与《春之祭》的野蛮相去甚远，但梅西安作曲素材库中一些最具特色的元素在很大程度上要归功于斯特拉文斯基的《春之祭》：由不同规模的节奏细胞组成的大胆而不可预测的节奏，以及剪切－粘贴式的立体主义结构方法，使得音乐材料块彼此连接，没有过渡或结缔组织；这些都是梅西安的标志性技巧，可以在诸如《图朗加利拉交响曲》（*Turangalila-Symphonie*）和《我信肉身之复活》（*Et exspecto resurrectionem mortuorum*）等作品中发现，但如果没有《春之祭》，它们不可能存在。对《春之祭》的深入分析是"二战"后梅西安著名的巴黎音乐学院课程的重要内容，由此诞生了包括皮埃尔·布列兹、卡尔海因茨·施托克豪森和伊阿尼斯·泽纳基斯在内的欧洲先锋派巨人。梅西安认为，斯特拉文斯基的芭蕾舞剧乐谱是一位新兴作曲家必不可少的文本。20世纪70年代，英国作曲家乔治·本杰明在少年时期就参加了梅西安课程，他说：

梅西安对《春之祭》的分析对他的学生产生了很大的影响，这背后有他对节奏、结构和管弦乐团的大量思考。聆听《图朗加利拉》（*Turangalila*）的第二乐章或者整部作品的最后部分——这些是为大型管弦乐团所作的托卡塔*，充满了重音。它在情感上与《春之祭》完全不同，但没有《春之祭》它根本不可能出现。

对于在21世纪从事创作的本杰明来说，《春之祭》持续引起了他和同时代人的共鸣：

节奏性建构、极其大胆而新颖的制作方式；和声的创新与线条、音域和音色的奇妙本能——如何让乐器听起来光彩夺目。

他支持罗伯特·克拉夫特的观点，即除了技术创新之外，《春之祭》为20世纪音乐中大胆的现代性思想打响了发令枪：

我想各地的作曲家都已意识到发生在巴黎的这一壮观又迷人的丑闻，许多人渴望产生类似的影响。这是非常罕见的事情。[8]

史前爵士和异教金属

有一个故事说到，1951年的一个晚上，斯特拉文斯基和一些朋友去纽约爵士俱乐部"鸟园"。传闻这位伟大的作曲家坐在靠近舞台的桌子旁。当查理·帕克带来他的五重奏时，他并没有和斯特拉文斯基打招呼，而是直接演奏起了速度极快的比波普，《科科》（*KoKo*）——他最绚丽的曲目之一。据目击者称，当第二个副歌出现时，帕克在他的独奏中无衔连接地引用了《火鸟》，"似

---

* 托卡塔来自意大利文，原意为触碰，是一种富有自由即兴性的键盘乐曲，用一连串的分解和弦以快速的音阶交替构成，所以托卡塔曲也叫触技曲。

乎它之前就存在于那里"——然后继续下去，就好像它从来没有发生过一样。[9]据报道，斯特拉文斯基如此高兴，以致他把玻璃杯"砰"的一声摔在桌子上，杯子里的东西洒到了桌后的人身上。这个故事说明，斯特拉文斯基和爵士音乐家们相处起来很舒服。他们理解彼此的语言，即使作曲家曾把爵士乐斥为"一种无所作为的自慰"[10]。早在1918年，盗窃癖斯特拉文斯基就在《士兵的故事》(The Soldier's Tale)和《为11件乐器而作的拉格泰姆》(Ragtime for Eleven Instruments)中挪用了拉格泰姆节奏，自那以后，这些切分音出现在了许多作品中。在"鸟园事件"发生的几年前，为了单簧管演奏家伍迪·赫尔曼和他的乐队，他已经为爵士表演者写了一部作品——《乌木协奏曲》(Ebony Concerto，1945年)。

帕克选择在"鸟园"引用《火鸟》，但它也很容易是《春之祭》。两年前在巴黎，他承认在《春之祭》的故乡进行"咸花生"(Salt Peanuts)独奏时引用了《春之祭》开场的大管旋律。伦纳德·伯恩斯坦称《春之祭》为"史前爵士"有充分理由。[11]爵士乐和《春之祭》几乎同时诞生，这部芭蕾舞剧直到21世纪一直是爵士音乐家们无法抗拒的创作源泉。没有其他经典音乐作品能在爵士乐中如此频繁地出现，原因不难理解。在《春之祭》中，与高音木管乐器的合唱相对的管弦乐团的刺戳、抽搐和劈砍预示着大乐队音乐的织体。《春之祭》中的节奏层和复节奏预示了比波普的复杂性；有时很难相信《春之祭》的节奏不像现代爵士巨头那样

有非洲音乐之根。《春之祭》中的八声音阶、全音阶和多调性和声成为现代爵士乐和声的主导，而几乎支撑起《春之祭》的固定低音模式是爵士乐即兴重复段的近亲。

帕克的"咸花生"独奏对于不胜枚举的爵士音乐家来说似乎开启了一种使用《春之祭》开场大管旋律的潮流，那首立陶宛民间曲调作为一种固定观念*、一张名片被放进他们的钢琴独奏里。在琼尼·米歇尔1977年的专辑《唐璜鲁莽的女儿》(*Don Juan's Reckless Daughter*) 的《对我说》(*Talk to Me*) 中，我们在听到米歇尔的声音前，先听到了《春之祭》旋律的第一个乐句。它高高飘浮在杰可·帕斯托瑞斯弹奏的电贝斯上，对帕斯托瑞斯来说，这几个音符是他经常在现场和录音表演中加入的一种音乐签名。帕斯托瑞斯的斯特拉文斯基音乐签名也被用在气象报告乐团的专辑《恶劣天气》(*Heavy Weather*) 中，他在最后一首歌《哈沃纳》(*Havona*) 里把这个引用悄悄加入了自己的独奏。奥尼特·科尔曼在2005年专辑《声音语法》(*Sound Grammar*) 中的《梦话》(*Sleep Talking*) 里进行了进一步引用，对大管旋律进行了扩展，让它有了一些民间的感觉，并将其用作进一步创作的基础。这首立陶宛的婚礼歌曲已成为爵士乐的标准。

其他的爵士音乐家利用了大段的《春之祭》音乐。艾丽斯·柯川在她1976年的专辑《永恒》(*Eternity*) 中显然被这首曲

---

* idée fixe，固定观念，是指大型音乐作品中贯穿全曲的基本主题。为柏辽兹所创用。——译者注

查理·帕克于洛杉矶，1945年。

子明确的宗教性和神秘特质所吸引。首先，她的歌曲《春之轮舞》（*Spring Rounds*）似乎是对《春之祭》中为数不多的平静时刻的直接改编，即女孩们庆祝春天的缓慢而又沉重的霍罗沃德舞曲。如果有人认为这是一位女性音乐家选择的《春之祭》中最"女性化"的时刻，那么柯川并没有避开斯特拉文斯基原作结尾处短暂的暴力抽搐。她把它带到了比斯特拉文斯基曲子里更惊心动魄的高潮，让音乐在恢复到春天的平静之前完全失去控制。

2011年，以电台司令、大卫·鲍伊和涅槃乐队的歌曲命名的"坏痞子"爵士三重奏，决定用大大减少的钢琴、贝斯和鼓的力量来演绎整个《春之祭》。"坏痞子"的鼓手戴夫·金在一次电台采访中说："我们不想成为只利用它的一点素材进行独奏的传统爵士乐手。""我们只是想理解它、演奏它……看看它有多大的震撼力。"[12] "坏痞子"版本是对原曲完整而忠实的表演，从斯特拉文斯基自己的钢琴二重奏版本出发，钢琴和贝斯尽可能多地重现了总谱。除了鼓手，没有人即兴演奏，他加入了一些必要的声音，让人感受到原作的力量和能量。最后听起来像《春之祭》，但也像是新创作的21世纪爵士。

无法归类的弗兰克·扎帕自认为是一位斯特拉文斯基迷恋者，他声称自己聆听《春之祭》的次数"比世界上任何人都多"。[13] 斯特拉文斯基音乐的影子在扎帕的音乐中随处可见。《花园中的斯特拉文斯基》（*In-A-Gadda-Stravinsky*）是他在1988年的《吉他》（*Guitar*）专辑中的一首乐曲，扎帕由此成为新晋在吉他独奏中继承了《春之祭》开场大管旋律重复段的人。早在那之前，扎帕的"发明之母"乐队在他们1967年的专辑《绝对自由》（*Absolutely*）中，就在音乐和歌词上大量参照了《春之祭》。一首歌令人期望地命名为《小南瓜的祈祷和仪式之舞》（*Invocation and Ritual Dance of the Young Pumpkin*），但却反常地引用了古斯塔夫·霍尔斯特的《行星》（*The Planets*），没有使用斯特拉文斯基的音符。

自20世纪60年代以来，无论有意还是无意，《春之祭》中强有力的反复、扩展的和声和西古提暴力，这些元素已经在更冒险的摇滚乐角落里有迹可循，从扎帕、克里姆森国王乐队到金属乐

美国音乐家和作曲家弗兰克·扎帕，1972年。

玛莎·"尖叫"·阿尔希波娃与乐队阿科纳一起表演，布达佩斯，2014年。

队的音乐作品。它甚至成为20世纪90年代流行乐中摒弃享乐主义的象征："我想脱掉我所有的衣服，随着《春之祭》而舞动。"宠物店男孩乐队的尼尔·坦南特在他们1993年的单曲《我通常不会这样做》（*I Wouldn't Normally Do This Kind of Thing*）中这样唱道。这不仅仅是一首好歌：这张唱片的封面展示了一群穿着粉红色上衣的年轻男子，他们手牵着手，在20世纪末的霍罗沃德舞曲中围着一个"被选中"的男子舞动。2009年，俄罗斯民间金属乐队"阿科纳"对《春之祭》进行了另一次信心十足的音乐风格领域的探索。乐队主唱兼词曲作家玛丽亚·阿尔希波娃因其"死亡咆哮"

的演唱风格被称为"玛莎尖叫"，她的歌词使用了古代斯拉夫神话和故事。她2009年的歌曲《雅里洛》（*Yarilo*）以《春之祭》中的太阳神命名。当她以"玛莎尖叫"的风格演唱这首歌时，它民歌般的旋律由重金属和俄罗斯民族乐器混合伴奏，她披着动物的皮毛在舞台上旋转，装扮得像洛里奇在1913年的芭蕾舞剧中为那些让年轻女孩献祭的圣人进行的打扮。玛莎是女性力量的强大象征，一个世纪过去了，她似乎正在复仇。

电影中的《春之祭》：从恐龙到《星球大战》

对于几代人来说，《春之祭》意味着恐龙。甚至20世纪最老到的音乐家之一的伦纳德·伯恩斯坦在谈论此作品时也会反复提到恐龙。因为《春之祭》是我们中的许多人最早体验到的与华特·迪士尼1940年的动画片《幻想曲》中史前形象相结合的音乐。《幻想曲》是迪士尼进行技术创新的尝试，借助在新动画中加入包括柴可夫斯基的《胡桃夹子》和贝多芬的《田园交响曲》（*"Pastoral" Symphony*）在内的古典音乐，工作室试图将其技术创新带入高雅的艺术领域。这部电影还有教育意义，片中利奥波德·斯托科夫斯基在录音室指挥费城交响乐团，而旁白讲解了管弦乐团的乐器和声音的物理性质。

1939年，斯特拉文斯基以6000美元的价格与迪士尼签订了一

第174—175页图
华特·迪士尼《春之祭》部分的一个定格画面。

份合约*,这是他急需的收入——第二次世界大战的爆发迫使他从法国来到美国,进行了他人生中的第二次大搬迁,而且当时的他演出收入枯竭。[14]也许正因如此,斯特拉文斯基同意了合约,允许迪士尼完全自由地对《春之祭》音乐进行剪辑,与他们选择的画面联系起来。

迪士尼确实为恐龙芭蕾对《春之祭》的结构进行了任意处理。他把三分之一的音乐都剪掉了,对剩下部分进行重新安排。令斯特拉文斯基特别沮丧的是,最后的"献祭之舞"没有被剪进去,"春之轮舞"和"对抗部落的仪式"也没有。"大地之舞"从芭蕾舞剧前半部分被剪切出来,移到接近尾声的地方,在所有最令人惊讶的剪切中,开头的大管旋律作为简短结尾,呈现出一种明显的非《春之祭》般的对称性。

但迪士尼选择一部仅存在26年的作品的勇气,与他对新版作品的雄心壮志不相上下。这不是古代斯拉夫人的仪式,而是试图用科学的方法准确地描述地球生命的起源。旁白显示"这部电影的剧本是科学,而非艺术",迪士尼确实咨询过包括生物学家朱利安·赫胥黎和天文学家埃德温·哈勃在内的顶尖科学家。芭蕾舞剧的"引子"描绘了外太空、茫茫虚无、银河系和流星。"春之预兆"中强烈的重音是在适时的火山爆发中编排的。第二部分的开头描绘了地球生命伊始,伴随着细胞分裂、相遇和繁殖——正如

---

* 在当时这相当于105000美元。

雅克·里维埃在其1913年回顾中的"生物芭蕾"评论所预言的那样；"赞颂被选中者"部分的暴力描述了恐龙的致命战斗，而"大地之舞"则伴随着迫使山脉从地球上拔地而起的灾难性地震画面。尽管迪士尼选择了与原版芭蕾舞剧完全不同的场景，但他的恐龙们正在穿越史前景观，这些景观伴以柔和的色调与洛里奇1913年的背景惊人地接近，就像是迪士尼的色彩师使用了深受俄罗斯民间复兴运动者喜爱的农民植物染料。

斯特拉文斯基于1940年定居好莱坞，并在那里度过了他余生的大部分时光。他希望靠写电影配乐补足他的收入，尽管他为几个电影项目作曲，却因为电影公司的特殊要求，电影院里根本听不到他写的音乐。他将大量音乐重新改编成音乐会作品：例如，他为电影《圣女之歌》(*The Song of Bernadette*，1943年)*创作的音乐成为他的《三个乐章的交响曲》(*Symphony in Three Movements*，1946年)的中间乐章。然而，斯特拉文斯基在某种意义上的确成了一位电影作曲家，因为他的音乐在电影配乐中产生的共鸣一直延续至今。尤其是《春之祭》，它成为电影作曲家们召唤原始主义、悬疑、暴力、恐怖或神秘时的原始资料。就像爵士乐一样，电影音乐中对《春之祭》的借用和致敬不胜枚举。

虽然很多电影音乐普遍注入了《春之祭》的精髓，但一些电影作曲家在他们的作品中进行了更明确的致敬。伯纳德·赫尔曼

★　这部电影最终由阿尔弗雷德·纽曼配乐，并因此获得了奥斯卡奖。

在为希区柯克的《惊魂记》(*Psycho*，1960年) 所作的配乐中，浴室场景中的致命的刺杀主要归功于《春之祭》重复的管弦乐暴力。埃尔默·伯恩斯坦在他1962年为电影《杀死一只知更鸟》(*To Kill a Mockingbird*) 所作的配乐中通过类似 "献祭之舞" 的节奏性刺戳为一组攻击儿童的镜头伴奏。《杀死一只知更鸟》的配乐自始至终充满了对《春之祭》的参照，强调私刑暴徒的提示时尤其明显，就像三分钟之内的迷你《春之祭》：它以一段浮动的高音大管旋律开始，一个节奏自由的单簧管加入，正如斯特拉文斯基《春之祭》第一部分的 "引子"。缓慢的重踏节奏暗示着 "春之预兆"，高音长笛的民间曲调暗示了 "春之轮舞"；轻轻摇晃的木管和弦象征着第二部分的 "引子"，紧接着是 "祖先的仪式行动" 明确滞缓的步伐和低音小号。斯特拉文斯基可能看过这部电影，也可能没看过，但众所周知，他抱怨 "仪式行动" 的音乐在电影中被滥用是一种无处不在的威胁。

杰里·戈德史密斯《人猿星球》(*Planet of the Apes*，1968年) 配乐中的原始主义和暴力让人想起《春之祭》。与《杀死一只知更鸟》一样，整部配乐充满了对《春之祭》的参照，最明显的是在核心场景中，骑在马背上的人猿在深草丛中猎捕原始人类，我们听到明确参照了 "劫持的仪式" 里的追逐音乐、猎号声以及 "对抗部落的仪式" 里的搏斗音乐。

然而，电影作曲家约翰·威廉姆斯在他的电影配乐中对《春之祭》进行了最彻底的挖掘。威廉姆斯显然掌握从霍尔斯特到巴托克再到科恩戈尔德的20世纪管弦乐知识，但《春之祭》仍是他不断回头来表达敬意的定点。斯皮尔伯格1975年的电影《大白鲨》（*Jaws*）中预示鲨鱼靠近的主导动机（leitmotif）无疑是电影史上最著名的几秒钟音乐。低吼的低音提琴逐渐累积至厚重不协和和弦的重踏节奏，以无法预知的时间间隔被响亮的重音切入，这是"春之预兆"的回响。纵观整个《星球大战》（*Star Wars*）系列电影，威廉姆斯一直返回到《春之祭》本身。在1977年最初的《星球大战》"塔图因的沙丘之海"音乐中，可以听到第二部分"引子"摇晃和弦的回响，之后清楚地暗示了"祖先的仪式行动"和"圣人登场"的高音大号曲调。《春之祭》的影响在2015年的《星球大战：原力觉醒》（*Star Wars: The Force Awakens*）中依然明显：拉塔尔攻击（Rahtar attack）的配乐明显是"献祭之舞"的回响。《侏罗纪公园》（*Jurassic Park*，1993年）最重要的场景再现了"赞颂被选中者"的疯狂姿态：约翰·威廉姆斯让《春之祭》退回到了恐龙时代。

百年舞蹈

在1913年首演后的几十年里，《春之祭》的新编版极少。斯特拉文斯基认为自己已经如愿的想法情有可原：《春之祭》是一部抽象的音乐会作品，已经摆脱了舞蹈之根。直到20世纪中叶，作曲家年事已高，重大的重演才开始出现。从那时起，源源不断的新舞蹈版本至今已成为一股洪流。2013年的百年庆典甚至鼓舞了更多版本的出现，这似乎已成为21世纪编舞者们的基本要求，他们必须与野兽比肩，以作为自己通过检验的仪式。从个人表演到集体参与的舞台表演，从非洲舞诠释到沉浸式的数字体验，现已有几百种编舞版本。

第一个新编舞出现于1920年，也就是尼金斯基首演七年后，与俄罗斯芭蕾舞团进行的合作。如果说斯特拉文斯基决定《春之祭》应该出现在音乐厅而非舞台上，那么，佳吉列夫也同样决定要把它重新塑造成一部芭蕾舞剧。他任命已经接替尼金斯基的莱昂尼德·马辛作为俄罗斯芭蕾舞团的新编舞和他的情人来制作这个新版芭蕾舞剧：至少步骤将会是新的，但布景和服装是洛里奇的原作，为了进行首演，他们回到了香榭丽舍剧院的"犯罪"现场。斯特拉文斯基之所以接受了马辛1920年的版本，部分原因是它在很大程度上摒弃了任何故事，但也因为它与音乐有着更紧密的关系：他认为尼金斯基版本的舞蹈设计太过刻板，而且时刻不停，乐谱中的每一拍都有一个舞步。马辛的编舞采用了一个更流畅的方法，自由地连接和衔接音乐中的关键点。正如1920年成为马辛版本"被选中者"的莉迪亚·索科洛娃所写："我跳舞，我与管弦乐团恰好在我应该在的两个地方相遇，我们共同完成了演出。"[15] 但马辛一定觉得自己沦为了《春之祭》诅咒的牺牲品：在尼金斯基事件的重演中，马辛在他的《春之祭》上演后不久即被芭蕾舞团仓促解雇，据说是因为他与芭蕾舞团的舞者维拉·萨维纳之间的亲密关系。在一个与《春之祭》世界如此接近的丑陋事件中，据报道，佳吉列夫把萨维纳灌得酩酊大醉，脱光了她的衣服，在一个宾馆房间把她扔向马辛，并宣称，"瞧瞧你的理想美人"[16]！

《春之祭》是一个由斯特拉文斯基、洛里奇和尼金斯基三个男人所构想的年轻女人献祭的故事。女性编舞家花了很多年才解决这个难题，但一旦她们做到了，这个叙事难题的一些最成功的编舞已由女性完成：玛莎·葛兰姆、皮娜·鲍什、萨莎·华尔兹就在其中。1957年，当时70岁的德国编舞家玛丽·维格曼为柏林歌剧院制作了最重要的后俄罗斯芭蕾舞团版本之一，玛丽是德国魏玛现代表现主义舞蹈的先驱。和尼金斯基的编舞一样，这一编舞后来也遗失了，但在其2013年100周年纪念时根据日记、笔记和照片进行了复原。维格曼的《春之祭》被描述为一种女性主义的《春之祭》，舞台大部分时间被三个女祭司一样的人物所占据，我们看到这个群体受到了发起献祭的男性圣人魔咒的控制。那个女性受害者的恐惧是高度克制和程式化的——她在"献祭之舞"中很长时间几乎一动不动。然而，即使是在女权主义的《春之祭》中，结局也一样：女孩死了。

《春之祭》继续迫使艺术家想象未来。1959年，法国编舞家莫里斯·贝嘉把性作为他的《春之祭》的焦点，该版本首演于布鲁塞尔皇家铸币局剧院。在这个芭蕾舞剧的前半部分，穿着肉色紧身衣的男人表演充满雄性激素的动物性舞蹈，为一个被选中的男人与其中一个女人发生性关系做准备。这个献祭不是死亡之舞，而是性行为。第一部为皇家芭蕾舞团创作的英国版《春之祭》紧随其后，出现于1962年，编舞肯尼思·麦克米兰在这一年邀请澳大利亚画家西德尼·诺兰以澳大利亚内陆为背景，设计可以唤起原作原始主义的布景和服装。诺兰第二部分的背景是一个底部有茎的巨大太阳：冷战最危险一年的蘑菇云。

"当得知你不得不跳舞至死，你会有什么感受？"[17]这是皮娜·鲍什在1975年制作她的《春之祭》时问乌帕塔舞蹈剧场舞者们的问题，40年后的今天，它仍是一个重要而可怕的舞台表演。如果说其他编舞已经程式化，让我们远离《春之祭》中的恐惧，那么鲍什从作品的一开始就把它表现得非常真实，那是在一个覆盖着泥土的舞台上表演的。血红的布一直在场，部分是因为恐惧，部分是由于迷恋，在女性之间传递。最后，它变成了一件红裙子，"被选中者"穿着它独自跳舞至死。她的"献祭之舞"强迫性的重复动作一开始就被所有女性预言：一开始就已知晓可怕的结局。鲍什的《春之祭》把性别作为作品的核心：对抗部落是男性与女性的对抗；女性重复的机械般舞蹈强调她们的女性身体：反复抓住她们的子宫或猛击她们的乳房，向她们的生殖器鞠躬或像小女孩一样拉起她们的衣服，所有这些都远远超出了贝嘉版的色情。这些女人和男人都是真实存在的，他们最终被泥土覆盖，汗流浃背，喘着粗气。

一直以来，遗失的尼金斯基版编舞通过趣闻、新闻评论和一些重要参与者的回忆录而让人们记住。1987年，乔佛里芭蕾舞团在洛杉矶上演了一部重构的尼金斯基-洛里奇原作，由米莉森特·霍德森和肯尼思·阿彻对这些当代素材进行艰苦研究后而创作。现存的照片只有三张，但也有洛里奇的画作和瓦伦丁·格罗斯在排练中制作的记录了舞者姿势和动作的草图。斯特拉文斯基1969年出版了有关编舞的一些笔记和《春之祭》草图。玛丽·兰伯特在1967年偶然发现了一份1913年的钢琴谱，上面有她详细标注的尼金斯基指示舞蹈演员的笔记。复原版揭示了一些当时的记载，使我们真切地见识了笨拙的"反芭蕾"身形的新奇性。我们看到了一部充满活力的芭蕾舞剧，与其中个体的孤立形成了对应：1913年，雅克·里维埃对一场伴随细胞分裂、繁殖和剥离的"生物芭蕾"的亲眼见证，在舞台上变成了现实。我们也真正看到最后死亡之舞的机械式悲剧。霍德森和阿彻的复原版在世界各地演出，并于2013年5月29日——喧闹的首演一百年后的这天被带到香榭丽舍剧院，在这儿与德国萨莎·华尔兹编舞的新版本一起上演。它也成为2005年的一部BBC电影的素材，这部电影改编自1913年的首演。[18]

《春之祭》翻滚、聚集的能量和群体行动激发英国编舞罗伊斯顿·马尔顿，他创作了一种舞蹈，从亚的斯亚贝巴到纽约再到柏林的大量未经训练的青少年群体也参与其中；在2003年的柏林版本中，250名青年表演者与柏林爱乐乐团和西蒙·拉特尔同台演出。

另一个相反的极端是，许多编舞者试图将《春之祭》的能量

第184—185页图
来自1995年《春之祭》演出的一张照片，该版本
由皮娜·鲍什编创于1975年。

浓缩到一位表演者身上：莫丽莎·芬利、梅丽尔·坦卡德和泰罗·萨里宁都创作了独舞版本，在萨里宁的版本中，萨里宁将自己跳舞的图像投射到他的身体上。一个最近的、引人注目的独舞版《春之祭》由所谓的非洲现代舞之母、塞内加尔的杰曼·阿科尼和编舞奥利维耶·杜布瓦创作，根据殖民主义的残酷来表达《春之祭》的暴力。《我的黑人被选中者》（*Mon Élue Noire*）里，能看见70多岁的阿科尼独自站在黑色舞台上，叼着烟斗，随着斯特拉文斯基的音乐起舞，边唱歌边吟诵艾梅·塞萨尔的《殖民主义话语》，这本书描述了把被殖民者当作野蛮人的殖民者是如何变野蛮的。阿科尼描述了在斯特拉文斯基的《春之祭》古老仪式中，

杰曼·阿科尼正在表演《我的黑人被选中者》，2018年。

她是如何向她的祖母（一位约鲁巴女祭司）致敬的。奥地利多媒体艺术家克劳斯·欧伯梅耶创作了一个独舞版本，观众戴上3D眼镜，舞者的动作被多部摄像机捕捉下来，然后在她跳舞时变形、分裂、倍增并实时投射到剧院中，整个剧院里充满了只见四肢、不见其人或大量蜷曲舞者身体的芭蕾。

但一些编舞者对《春之祭》抱持别的看法。当阿克拉姆·汗受伦敦萨德勒之井剧院的邀请，为庆祝2013年的百年纪念创作一个项目时，他觉得自己无法应对，他坚信自己的版本永远无法与皮娜·鲍什的版本相提并论："当我听到音乐时，我能看到的只有她的作品。"相反，汗与当代音乐家尼廷·索尼、乔瑟琳·普克和本·弗罗斯特合作，创作了一部名为《在伊戈尔的心中》（iTMOi-In the Mind of Igor）的作品，探索斯特拉文斯基的献祭理念、全神贯注和品性，包括不对称的节奏、民间音乐、东正教圣歌，甚至他不说真话的倾向：斯特拉文斯基一生都在《春之祭》上撒谎这一想法激发了汗和他的团队去揭示其面具、故事的变化与不同版本的现实。[19]

英国编舞和雕塑家弗洛伦斯·皮克采用了另一种间接的手法，2017年他的《春之祭》装置艺术在伦敦东部的一个展览馆展出，向这部伟大杰作的观念宣战。展览馆的一个房间里有一段视频，视频中埋在黏湿土层里的舞者罗斯玛丽·李随着她记忆中的《春之祭》音乐，渐渐从泥土中出现，最后又被吸回泥土。我们偶尔

第188—189页图

来自克劳斯·欧伯梅耶版本的《春之祭》照片，2007年。

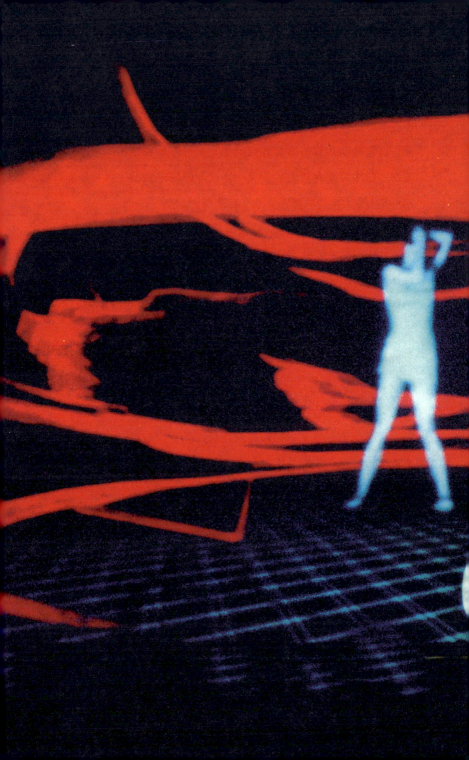

会听到来自另一个房间的斯特拉文斯基的音乐片段，但视频中的舞蹈演员只能听到她的脑海中的音乐。与皮娜·鲍什一样，皮克关注的是人体与大地、压迫和恐惧之间的关系。在画廊的另一个房间里，罗斯玛丽·李想着《春之祭》音乐而舞的黏土已干，被切成瓷砖、上釉、烧制，然后一起被展示，这个女人挣扎的痕迹依然可见，但已支离破碎，就像"被选中者的献祭之舞"，成为这场悲剧的牺牲品。

也许把《春之祭》描述成一部悲剧有点奇怪。毕竟，斯特拉文斯基说过，"在《春之祭》中根本就没有灵魂探索的区域"[20]。尽管这部作品有发自内心的力量，当然还有情感上的影响，但从雅克·里维埃到理查德·塔鲁斯金的评论家们都坚称这部作品中没有个人的浪漫情感。之所以《春之祭》具有如此惊人的现代性，是因为它的野蛮和暴力是机械的、超然的、非人性化的，预示着20世纪可能发生的大规模屠杀。《春之祭》回溯遥远的过去，预示着一个即将来临的可怕世界。在1913年芭蕾舞团首演后不久的文章中，雅克·里维埃写道：

> 我们目睹了人类在一个他还没有作为一个个体而存在的运动……在她的舞蹈开始期间，被选中少女从来没有流露出理应充满她灵魂的个人恐惧。她完成了一项仪式；她被一种社会功能所吸引，没有任何理解或解释的迹象，她按照一个比她个人更强大的意志和惊厥来行动，一个充满无知和欲望、残酷和阴郁的怪物。[21]

然而……从皮娜·鲍什到弗洛伦斯·皮克，越来越多继续研究《春之祭》的艺术家，已在其中发现人性和情感真实，挑战"杀死一个无辜女孩可能只是艺术作品的一个桥段"这一观念。当尼金斯基1913年为《春之祭》创作第一支舞曲时，他就知道这一点。玛丽·兰伯特和布朗尼斯拉娃·尼金斯卡目睹了他在彩排室排练"被选中者"时的情景，记得最初的"献祭之舞"所带来的情感冲击是毁灭性的。当尼金斯基向玛丽亚·皮尔茨演示这一动作时，兰伯特写道："这是我见过的最伟大的悲剧舞蹈。"[22] 我坚信，正如它的第一位编舞尼金斯基所愿，无论是通过舞蹈来表现或者在音乐厅中表演，《春之祭》"对普通观众来说都留下了震撼的印象和一种情感体验"。

《春之祭》的一些录音

1958年

伦纳德·伯恩斯坦和纽约爱乐乐团；索尼，于2013年重新发行。由《春之祭》最有说服力的倡导者之一录制。据说斯特拉文斯基本人印象深刻。

1959年

伊戈尔·马尔凯维奇与爱乐乐团合作；百代唱片。早期的立体声录音来自一位受佳吉列夫青睐的指挥家。

1960年

78岁的斯特拉文斯基指挥《春之祭》；哥伦比亚交响乐团，1960年，哥伦比亚/哥伦比亚广播公司：索尼CD（2013年）。一个聆听作曲家本人意图的机会。

1969年

皮埃尔·布列兹，克利夫兰乐团；索尼。布列兹详细分析了该作品，并显示在这张清晰、有力的录音中。

1981年

安塔尔·多拉蒂和底特律交响乐团；迪卡唱片。第一个数字录音和"唱片大奖"获得者。

2013年

弗朗索瓦-萨维尔·罗特指挥他的世纪管弦乐团，演奏乐器尽可能与1913年使用的乐器接近。

2015年

特奥多尔·克雷提兹，音乐永恒合奏团；索尼。一个来自乌拉尔山脉附近佩尔姆的乐团，由一位年轻的希腊裔指挥家以一种兴奋又快速的风格进行指挥。

2009年

斯特拉文斯基与俄罗斯芭蕾舞剧：《火鸟》和《春之祭》，马林斯基乐团和芭蕾舞团，由瓦列里·捷杰耶夫指挥。米莉森特·霍德森对尼金斯基最初编舞的重构，DVD，贝莱尔。

致谢

我要感谢以下接受本书采访的人员:

米尔嘉·格拉日奈特-泰拉,马林·阿尔索普,弗拉基米尔·尤洛夫斯基,埃萨-佩卡·萨洛宁,乔治·本杰明,米莉森特·霍德森,肯尼思·阿彻,黛博拉·布尔,梅丽尔·坦卡德,弗洛伦斯·皮克。

另外要感谢:布西与霍克斯出版社的贾尼斯·萨斯坎德,兰伯特舞蹈团的保罗·霍斯金斯和埃玛·布里格纳尔,杰里米·佩顿·琼斯和金史密斯学院,乔纳森·克罗斯,萨拉·亚历山大,英国国家青年管弦乐团的音乐家们,托马斯·阿德斯,汉弗莱·伯顿,强尼·格林伍德,裘德·凯利,布洛克·洛克耶,布鲁斯·诺克尔斯,皇家音乐学院的乔纳森·弗里曼·阿特伍德和凯瑟琳·亚当森。

注释

引言

1 Robert Craft, *Stravinsky: Chronicle of a Friendship*, 2nd rev. edn (Nashville and London: Vanderbilt University Press, 1994), p. 285.

2 Julian Street, 'Why I Became a Cubist', *Everybody's Magazine* 28 (June 1913).

3 摘自《对话》（*Dial*）中的一封"伦敦信函"（London Letter），1921 年 10 月。

4 *Portraits of a Lifetime*, ed. and trans. Walter Clement (London: J. M. Dent & Sons, 1937), pp. 259–260.

5 尼金斯基 1913 年 1 月 25 日给斯特拉文斯基的信，引自维拉·斯特拉文斯基和罗伯特·克拉夫特的《图片与文献中的斯特拉文斯基》（*Stravinsky in Pictures and Documents*，纽约：西蒙和舒斯特出版社，1978 年），第 94 页。

第一章　伊戈尔·斯特拉文斯基是谁？

1 转载于伊戈尔·斯特拉文斯基和罗伯特·克拉夫特：《展览与发展》（*Expositions and Developments*，伦敦：费伯出版社，1962 年），第 14—15 页。

2 2017 年 7 月与作者的访谈。

3 Igor Stravinsky and Robert Craft, *Memories and Commentaries* (London: Faber and Faber, 1960), p. 26.

4 Igor Stravinsky, *Chronicle of My Life* (London: Victor Gollancz, 1936).

5 Ibid.

第二章　俄罗斯灵魂的重塑

1 Interview with Igor Stravinsky, *Komsomol'skaya Pravda*, 27 September 1962, quoted in Stephen Walsh, *Stravinsky*, vol. 2: *The Second Exile: France and America 1934–1971*

(London: Jonathan Cape, 2006), p. 463.

2 Leo Tolstoy, *War and Peace*, Book 1, Chapter 5 (Cambridge World Classics, Kindle Edition).

3 引自玛丽娜·弗罗洛娃－沃克：《从格林卡到斯大林的俄罗斯音乐和民族主义》(*Russian Music and Nationalism from Glinka to Stalin*，纽黑文和伦敦：耶鲁大学出版社，2007年)，第52页。

4 Jacques-Émile Blanche, 'Un Bilan artistique de Paris 1913', in La Revue de Paris, 1 December 1913, quoted in Truman Campbell Bullard, *The First Performance of Igor Stravinsky's 'Sacre du printemps'*, PhD diss., University of Rochester, 1971.

5 引自理查德·塔鲁斯金：《斯特拉文斯基和俄罗斯传统：马夫拉写的作品传记》(*Stravinsky and the Russian Traditions: A Biography of the Works through Mavra*，牛津：牛津大学出版社，1996年)，第一卷，第523页。

6 Alexandre Benois, Reminiscences of the Russian Ballet (London: Puttnam, 1941), quoted in Taruskin, *Stravinsky and the Russian Traditions: A Biography of the Works through Mavra* (Oxford: Oxford University Press, 1996), p. 535.

7 Serge Lifar, *Serge Diaghilev: His Life, His Work, His Legend, an Intimate Biography* [1940] (New York: Da Capo, 1976).

8 Jacques Rivière, 'Le Sacre du printemps', *Nouvelle revue française*, November 1913, pp. 706–730.

9 Victor Ilyitch Seroff, *The Real Isadora* (New York: Dial Press, 1971).

第三章　从梦境到首演：《春之祭》的制作

1 Stravinsky, *Chronicle of My Life*.

2 Richard Taruskin, 'Resisting The Rite', in *Russian Music at Home and Abroad: New Essays* (Oakland, CA: University of California Press, 2016), p. 415.

3 引自塔鲁斯金：《斯特拉文斯基与俄罗斯传统》，第864页。

4 Letter 2 (15) December 1912, quoted in the supplement to *Igor Stravinsky,*

The Rite of Spring: Sketches 1911–1913: Facsimile Reproductions from the Autographs (London: Boosey and Hawkes, 1969), p. 32.

5 引自杰奎琳·德克特:《尼古拉斯·洛里奇:俄罗斯大师的生活与艺术》(*Nicholas Roerich: The Life and Art of a Russian Master*,伦敦:泰晤士与哈德逊,1989年),第47页。

6 Igor Stravinsky and Robert Craft, Dialogues and a Diary (Berkeley, CA: University of California Press, 1982), p. 90.

7 尼古拉斯·洛里奇,《艺术中的欢乐》(*Joy in Art*),收录于《文集》(*Collected Works*)第一册(莫斯科,1914年),引自保罗·格里菲斯和埃德蒙·格里菲斯,"萨满、圣贤与牺牲品——尼古拉斯·洛里奇那部分全在里面",赫尔曼·丹努斯和海蒂·齐默尔曼编:《现代性的化身:重新考量的春之祭》(*Avatar of Modernity: The Rite of Spring Reconsidered*),第三卷(伦敦:布西和霍克斯,2013年),第42页。

8 史蒂芬·沃尔什在《伊戈尔·斯特拉文斯基,一个创造性的春天,1812—1934年的俄罗斯和法国》(*Igor Stravinsky, a Creative Spring, Russia and France 1812–1934*)一书中考察了这一观念(伦敦:乔纳森·凯普出版社,1999年),第170页。

9 引自《布朗尼斯拉娃·尼金斯卡:早期回忆录》(*Bronislava Nijinska: Early Memoirs*),伊琳娜·尼金斯卡和让·罗林森编辑并翻译,安娜·基瑟尔戈夫作序(纽约:霍尔特、莱因哈特和温斯顿出版社,1981年),第448页。

10 Letter, 19 June 1910, quoted in *Igor Stravinsky, The Rite of Spring: Sketches 1911–1913*, p. 27.

11 Letter, 27 July 1910, quoted in ibid, p. 29.

12 1910年11月3日斯特拉文斯基写给伯努瓦的信,引自赫尔曼·丹努斯和海蒂·齐默尔曼编:《现代性的化身:重新考量的春之祭》(*Avatar of Modernity: The Rite of Spring Reconsidered*),第三卷(伦敦:布西和霍克斯,2013年),第444页。

13 1911年7月2日的信件,引自

伊戈尔·斯特拉文斯基:《春之祭:1911—1913 散记》(*The Rite of Spring: Sketches 1911–1913*),第29页。

14 Stravinsky and Craft, *Expositions and Developments*, p. 141.

15 Alexander Afanasyev, *The Poetic Outlook of the Slavs on Nature* [1865–9], quoted in Taruskin, *Stravinsky and the Russian Traditions*, p. 886.

16 这种对不同版本场景的提炼来自以下资源:斯特拉文斯基1912年12月2日(15)给芬代森的信(共15封),引自《春之祭:1911—1913 散记》;洛里奇1913年3月24日从巴黎阿斯托利亚酒店给佳吉列夫的信,(引自塔鲁斯金的《斯特拉文斯基与俄罗斯传统》第875页);1913年5月29日第一场演出的节目单概要很可能由洛里奇所写,并由佳吉列夫修订;以及里奇奥托·卡努多与作曲家合作撰写的文章"我想在《春之祭》中表达什么"(Ce que j'ai voulu exprimer dans Le Sacre du printemps)刊载在首演当天的《蒙茹瓦!》(*Montjoie!*)杂志。

17 1930年,在作曲家联盟的赞助下,洛里奇在沃纳梅克礼堂演讲中描述了这一经历。

18 Stravinsky and Craft, *Expositions and Developments*, p. 140.

19 Letter, 13 (26) September 1911, quoted in *The Rite of Spring: Sketches 1911–1913*, p. 30.

20 "在作曲家 I.F. 斯特拉文斯基的家里"(At the Home of Composer I. F. Stravinsky),《圣彼得堡公报》(*St Petersburg Gazette*),1912年9月27日(10月10日),引自塔鲁斯金:《斯特拉文斯基与俄罗斯传统》,第981—982页。

21 Stephen Walsh, Igor Stravinsky, Vol. 1: *A Creative Spring: Russia and France 1882–1934* (London: Jonathan Cape, 1999), p. 187.

22 CBS News Special: *Stravinsky* (TV); producer, writer David Oppenheim, first broadcast 3 May 1966.

23 Stravinsky to Roerich, 12 March 1912 in *The Rite of Spring: Sketches 1911–1913*, p. 31.

24 斯特拉文斯基 1912 年 3 月 13 日给安德烈·里姆斯基·科萨科夫的信，引自沃尔什《伊戈尔·斯特拉文斯基》，第一卷，第 178 页。

25 Minna Lederman, Stravinsky *in the Theatre* [1949], facsimile edn (New York: Da Capo, 1975), pp. 128-129.

26 Letter from Claude Debussy to Stravinsky, dated 8 November 1912, quoted in Robert Craft (ed.), *Stravinsky: Selected Correspondence*, Vol. 3 (London: Faber and Faber, 1985), p. 4.

27 Letter from Debussy to André Caplet on the day of the first performance, 29 May 1913, quoted in Eric Walter White, Stravinsky: *The Composer and His Works* (London: Faber and Faber, 1966), p. 53.

28 Letter dated 1 (14) July 1912, *The Rite of Spring: Sketches 1911-1913,* p. 31.

29 Marie Rambert, Quicksilver: *An Autobiography* (London: Macmillan, 1972), p. 54.

30 尼金斯基 1913 年 1 月 25 日写给斯特拉文斯基的信，引自维拉·斯特拉文斯基和罗伯特·克拉夫特：《图片和文献中的斯特拉文斯基》（*Stravinsky in Pictures and Documents*），第 94 页。

31 S. L. Grigoriev, *The Diaghilev Ballet, 1909-1929,* translated and edited by Vera Bowen (Harmondsworth: Penguin Books, 1960), p. 90.

32 Rambert, Quicksilver, p. 63.

33 Lydia Sokolova, *Dancing for Diaghilev: The Memoirs of Lydia Sokolova,* edited by Richard Buckle (San Francisco: Mercury House, 1960), p. 42.

34 Bronislava Nijinska, *Early Memoirs,* translated and edited by Irina Nijinska and Jean Rawlinson (London: Faber and Faber, 1982), p. 458.

35 Ibid., p. 462.

36 Grigoriev, *The Diaghilev Ballet,* p. 90.

37 Conversation with Henri Girard, quoted in Bullard, *The First Performance of Igor Stravinsky's 'Sacre du printemps'.*

38 Letter from Ravel to Stravinsky, dated May 1913, quoted in Robert Craft (ed.), *Stravinsky: Selected*

Correspondence, Vol. 2 (London: Faber and Faber, 1985), p. 16.

第四章　火热的五月一夜

1 Jacques-Émile Blanche, 'Un Bilan Artistique de Paris 1913', quoted in Bullard, *The First Performance of Igor Stravinsky's 'Sacre du printemps'.*

2 Théâtre des Champs-Élysées press release, published in *Le Figaro,* among others, on 29 May 1913.

3 Jean Cocteau, trans. Rollo H. Myers, *Cock and Harlequin: Notes Concerning Music* (London: The Egoist Press, 1921), pp. 48–49.

4 普契尼写给出版商蒂托·里科迪的信，引自贾科莫·普契尼，《贾科莫·普契尼信件》(*Letters of Giacomo Puccini*)，朱塞佩·阿达米编，埃娜·马金翻译，莫斯科·卡纳新版修订和引介（伦敦：哈拉普，1974年），第251页。

5 Quoted in Nigel Gosling, *Paris 1900–1914: The Miraculous Years* (London: Weidenfeld and Nicolson, 1978), p. 217.

6 Gertrude Stein, *The Autobiography of Alice B. Toklas* (London: Penguin Classics, 1971), p. 148.

7 Cocteau, *Cock and Harlequin*, p. 49.

8 *Misia* (Paris: Gallimard, 1952), trans. Moura Budberg, pp. 182–183.

9 Reported in Thomas Forrest Kelly, *First Nights: Five Musical Premieres* (New Haven, CT, and London: Yale University Press, 2000), p. 325.

10 Alfredo Casella, *Strawinski* (Brescia: La Scuola, 1947), p. 57; quoted in Thomas Forest Kelly, *First Nights: Five Musical Premieres,* pp. 327–328.

11 Stravinsky and Craft, *Expositions and Developments*, p. 143.

12 Grigoriev, *The Diaghilev Ballet,* p. 94.

13 Cocteau, *Cock and Harlequin*, p. 48.

14 Stravinsky and Craft, *Expositions and Developments*, p. 143.

15 Romola Nijinska, *Nijinsky* (London: 1933, republished by Sphere Books 1970), p. 166.

16 Gustav Linor, 'Au Théâtre des ChampsÉlysées: *Le Sacre du printemps*', *Comœdia,* 30 May 1913; quoted in Bullard, The First

Performance of Igor Stravinsky's 'Sacre du printemps'.

17 Lynn Garafola, *Diaghilev's Ballets Russes* (New York: Da Capo, 1989), p. 64.

18 1951年的一次电台采访，引自凯利的《首演》(*First Nights*)，第325页。

19 Sokolova, *Dancing for Diaghilev*, p. 44.

20 Robert Craft and Igor Stravinsky, *Conversations with Igor Stravinsky* (London: Faber and Faber, 1959), p. 46.

21 伊戈尔·斯特拉文斯基记得他在哥伦比亚广播公司新闻专题做过评价：《斯特拉文斯基》(*Stravinsky*, 电视)；制片人，编剧大卫·奥本海姆，1966年5月3日首次播出。

22 Craft and Stravinsky, *Conversations*, p. 46.

23 Bronislava Nijinska, *Early Memoirs*, pp. 469–470.

24 Reported by Nijinska in *Early Memoirs* (p. 470), and others.

25 Victor Debay, 'Les Ballets Russes au Théâtre des Champs-Élysées', in *Le Courier musicale*, 15 June 1913, quoted in Bullard, *The First Performance of Igor Stravinsky's 'Sacre du printemps'*.

26 Doris Monteux, *It's All in the Music: The Life and Work of Pierre Monteux* (London: William Kimber and Co., 1965), p. 92.

27 Estaban Buch, 'The Scandal at Le Sacre: Games of Distinction and Dreams of Barbarism', in Danuser and Zimmermann (eds), *Avatar of Modernity*, p. 59.

28 Millicent Hodson, 'Death by Dancing in Nijinsky's Rite', in Severine Neff, Maureen Carr and Gretchen Horlacher (eds), *The Rite of Spring at 100* (Indiana University Press, 2017), p. 63.

29 Jacques Rivière, '*Le Sacre du printemps*', *Nouvelle revue française*, November 1913, pp. 706–730. Translated in Bullard, *The First Performance of Igor Stravinsky's 'Sacre du printemps'*.

30 Pierre Lalo, 'Théâtre des ChampsÉlysées', *Le Temps*, 3 June 1913; quoted in Bullard, *The First Performance of Igor Stravinsky's 'Sacre du printemps'*.

31 See Rambert, *Quicksilver*, p. 64.

32 Carl Van Vechten, *Music After the Great War* (New York: Schirmer, 1915), pp. 87–88; quoted in Kelly, *First Nights*, p. 323.

33 Romola Nijinsky, *Nijinsky*, p. 167.

34 D. Monteux, *It's All in the Music*, p. 92.

35 Sokolova, *Dancing for Diaghilev*, p. 44.

36 Rambert, *Quicksilver*, p. 65.

37 Cocteau, *Cock and Harlequin;* quoted in Kelly, *First Nights*, p. 326.

38 Craft and Stravinsky, *Conversations*, pp. 46–47.

39 Florent Schmitt, 'Les Sacres [sic] du printemps de M. Igor Stravinsky', *Le Temps,* 4 June 1913; quoted in Bullard, *The First Performance of Igor Stravinsky's 'Sacre du printemps'*.

40 Octave Maus, *L'Art moderne,* 1 June 1913, quoted in Bullard, T*he First Performance*.

41 Georges Pioch, 'Théâtre des ChampsÉlysées', *Gil Blas,* 4 June 1913, quoted in Bullard, *The First Performance*.

42 Igor Stravinsky, Henri Postel du Mas, 'Un entretien avec M. Stravinsky,' *Gil Blas,* 4 June 1913.

43 Jacques Rivière, '*Le Sacre du printemps*', *Nouvelle revue française,* 1 August 1913, pp. 309–313.

44 Jacques-Émile Blanche, 'Un Bilan Artistique'; quoted in Bullard, *The First Performance*.

第五章 《春之祭》的音乐：创新之处在哪里？

1 Boston Herald, February 1924; quoted in Nicolas Slonimsky, *Music Since 1900* (New York: Schirmer Books, 1994), p.1016.

2 Stravinsky and Craft, *Memories and Commentaries*, p.30.

3 Stravinsky and Craft, *Expositions and Developments*, pp. 147–148.

4 Interview with the author, September 2018.

5 Interview with the author, June 2017.

6 Leonard Bernstein,' The Unanswered Question': Six Talks at Harvard (Cambridge, MA.: Harvard University Press, paperback edition 1981), p. 357.

7 Lalo, 'Théâtre des Champs-Élysées', quoted in Bullard, *The First Performance*.

8 Olivier Messiaen, trans. John Satter eld, *Technique of My Musical Language* (Paris: A. Leduc, 1956).

9 Letter to Findeizen, 15 December 1912, quoted in the supplement to *The Rite of Spring: Sketches 1911–1913*, p.32.

第六章 循序渐进的仪式：聆听指南

1 Stravinsky and Craft, *Expositions and Developments*, p.141.

2 Émile Vuillermoz, 'La Saison russe', translated in Bullard, T*he First Performance, and quoted in Hodson, 'Death by Dancing in Stravinsky's* Rite', p. 58.

3 Lawrence Morton, 'Footnotes to Stravinsky Studies: *Le Sacre du printemps*', Tempo 128 (March 1979): pp.9–16.

第七章 余震

1 Stravinsky and Craft, *Expositions and Developments*, p. 144.

2 Interview with the author, June 2017.

3 Interview with the author, July 2017.

4 Stravinsky and Craft, Expositions and Developments, p. 145.

5 Interview with the author, March 2017.

6 Interview with the author, July 2017.

7 *Bad Boy of Music* is the title of Antheil's autobiography (New York: Doubleday, 1945).

8 Interview with the author, September 2018.

9 See Alfred Appel, *Jazz Modernism: From Ellington and Armstrong to Matisse and Joyce* (New York: Knopf, 2002), p. 60.

10 Craft and Stravinsky, *Conversations*, p. 116.

11 Interview on Classical MPR Radio, 19 May 2011.

12 Rip Rense, 'A unique musical force or blasphemous freak: Which is Frank Zappa?', *Valley News* (Van Nuys, CA), 27 June 1976; quoted in researchblog. andremount.net, February 2010.

13 See Walsh, Stravinsky: T*e Second Exile*, pp. 89–90.

14 Sokolova, *Dancing for Diaghilev*, pp.

162–163.

15 Quoted in Sjeng Scheijen, *Diaghilev: A Life* (London: Profle Books, 2010), p. 363.

16 Pina Bausch in the flm *Pina* (2011), directed by Wim Wenders.

17 *Riot at the Rite* (BBC, 2005), written by Kevin Elyot and directed by Andy Wilson.

18 *iTMOi/Akram Khan Company – making of* (video), Sadler's Wells, London.

19 Igor Stravinsky and Robert Craf, *Dialogues and a Diary* (Berkeley: University of California Press, 1982), p. 90.

20 Rivière, *'Le Sacre du printemps'*.

21 Rambert, Quicksilver, p. 64.

22 Nijinsky letter to Stravinsky, 25 January 1913, quoted in Stravinsky in Pictures and Documents, p. 94.

图片来源

扉页后 Johan Persson/Royal Opera House/ ArenaPAL;

引言 Keystone/Getty Images;

pp.6-7 AKG-images/Album;

p.11 Sputnik/ Bridgeman Images;

p.12 Lebrecht Music & Arts/Alamy Stock Photo;

p.15 State Russian Museum, St. Petersburg, Russia/Bridgeman Images;

pp.26-27 Krassotkin, from Wikimedia Commons;

p.29 DEA Picture Library/Getty Images;

pp.32-33 Ilya Repin, from Wikimedia Commons;

p.36 Cooper Hewitt, Smithsonian Design Museum, from Wikimedia Commons;

pp.40-41 Chronicle/Alamy Stock Photo;

p.45 Private Collection/Bridgeman Images;

p.46 Universal Images Group/Getty;

p.49 Keystone-France/Getty;

pp.66-67 Pictorial Press Ltd/ Alamy Stock Photo;

pp.70-71 Private Collection/ Bridgeman Images;

p.77 Sasha/Stringer/Getty;

pp.88-89 Antoine Bourdelle, from Wikimedia Commons;

p.94 Lebrecht Music Arts/ Bridgeman Images;

pp.98-99 Getty Images/ colourised by Marina Amaral;

p.101 Lebrecht Music Arts/Bridgeman Images;

p.103 Heritage Images/Getty;

p.107 E.O.Hoppe/Stringer/Getty;

pp.122-123 Igor Stravinsky Collection, Paul Sacher Foundation, Basel;

pp.144-145 Ashmolean Museum, University of Oxford/Bridgeman Images;

p.155 Roger-Viollet/TopFoto;

p.162 Print Collector/Getty;

p.168 Michael Ochs Archives/Stringer/ Getty;

p.171 Hulton Deutsch/ Getty;

p.172 Derzsi Elekes Andor, from
Wikimedia Commons;

pp.174–175 Walt Disney Co./Courtesy:
Everett Collection/Alamy;

pp.184–185 AKG-images/Niklaus Stauss;

p.186 Mon Élue Noire by Olivier Dubois
– Photo: F. Stemmer.

pp.188–189 Laurie Lewis/Bridgeman
Images;

译名对照表

人名

A

阿道夫·博肖特 Adolphe Boschot

阿道夫·卢斯 Adolf Loos

阿尔班·贝尔格 Alban Berg

阿尔弗雷德·纽曼 Alfred Newman

阿尔弗雷多·卡塞拉 Alfredo Casella

阿凡纳谢耶夫 Afanasyev

阿克拉姆·汗 Akram Khan

阿诺德·勋伯格 Arnold Schoenberg

埃德加·瓦雷兹 Edgard Varèse

埃德蒙·德·波利尼亚克亲王 Prince
Edmond de Polignac

埃德温·哈勃 Edwin Hubble

埃尔默·伯恩斯坦 Elmer Bernstein

埃玛·布里格纳尔 Emma Brignall

埃米尔·维耶尔莫 Émile Vuillermoz

埃米尔·雅克–达尔克罗兹 Émile
Jaques-Dalcroze

埃萨–佩卡·萨洛宁 Esa-Pekka Salonen

埃斯特班·布赫 Esteban Buch

艾丽斯·柯川 Alice Coltrane

艾梅·塞萨尔 Aimé Césairé

安德烈·纪德 André Gide

安德烈·里姆斯基·科萨科夫 Andrey
Rimsky Korsakov

安东·尤什凯维奇 Anton Juszkiewicz

安娜·基里洛夫纳·斯特拉文斯基
Anna Kirillovna Stravinsky

安塔尔·多拉蒂 Antal Dorati

安托万·布德尔 Antoine Bourdelle

奥尔加·科赫洛娃 Olga Khokhlova

奥古斯特·佩雷 Auguste Perret

奥克塔夫·毛斯 Octave Maus

奥里德科夫·莫索诺娃 Oridkoff
Mersonova

奥利维埃·梅西安 Olivier Messiaen

奥利维耶·杜布瓦 Olivier Dubois

奥尼特·科尔曼 Ornette Coleman

B

保罗·波烈 Paul Poiret

保罗·霍斯金斯 Paul Hoskins

鲍罗丁 Borodin

贝拉·巴托克 Béla Bartók

本·弗罗斯特 Ben Frost
比利·梅森 Billy Merson
彼得·贝伦斯 Peter Behrens
彼得大帝 Peter the Great
波利尼亚克公主 Princesse de Polignac
伯纳德·赫尔曼 Bernard Herrmann
布鲁斯·诺克尔斯 Bruce Nockles
布罗尼斯拉娃·尼金斯卡 Bronislawa
Nijinska
布洛克·洛克耶 Block Lockyer

C
查尔斯·费迪南德·拉穆兹 Charles
Ferdinand Ramuz
查理·帕克 Charlie Parker
柴可夫斯基 Tchaikovsky

D
达芙妮·奥拉姆 Daphne Oram
大卫·鲍伊 David Bowie
戴夫·金 Dave King
戴留斯 Delius
黛博拉·布尔 Deborah Bull
电台司令 Radiohead

F
费奥多·夏里亚宾 Feodor Chaliapin
费奥多·伊格纳季耶维奇·斯特拉文
斯基 Fyodor Ignatievich Stravinsky
弗尔南德·莱热 Fernand Léger
弗拉基米尔·里姆斯基－科萨科夫
Vladimir Rimsky-Korsakov
弗拉基米尔·瓦西里耶维奇·斯塔索
夫 Vladimir Vasilievich Stasov
弗拉基米尔·尤洛夫斯基 Vladimir
Jurowski
弗兰克·扎帕 Frank Zappa
弗朗索瓦－萨维尔·罗特 Francois-
Xavier Roth
弗雷德里克·戴留斯 Frederick Delius
弗罗斯特国王 King Frost
弗洛朗·施米特 Florent Schmitt
弗洛伦斯·皮克 Florence Peake

G
格拉祖诺夫 Glazunov
格雷菲勒夫人 Comtesse Greffuhle
格雷菲勒伯爵夫人 Countess Greffulhe
格里高利耶夫 Grigoriev
格林卡 Glinka
格洛文 Golovin

格特鲁德·斯泰因 Gertrude Stein

古斯塔夫·霍尔斯特 Gustav Holst

古斯塔夫·利纳 Gustav Linor

H

哈里森·伯特威斯尔 Harrison
Birtwistle

哈瓦福洛娃 Havafollova

哈伊尔·格林卡 Mikhail Glinka

汉弗莱·伯顿 Humphrey Burton

赫尔曼·拉罗什 Hermann Laroche

亨利·福特 Henry Ford

亨利·吉拉德 Henri Girard

华特·迪士尼 Walt Disney

J

加布里埃尔·阿斯特吕克 Gabriel
Astruc

加斯顿·德·帕夫洛夫斯基 Gaston de
Pawlowski

贾尼斯·萨斯坎德 Janis Susskind

杰可·帕斯托瑞斯 Jaco Pastorius

杰里米·佩顿·琼斯 Jeremy Peyton
Jones

杰曼·阿科尼 Germaine Acogny

杰瑞里·戈德史密斯 Jerry Goldsmith

捷尔吉·利盖蒂 György Ligeti

K

卡蒂娅 Katya

卡尔·范·维克滕 Carl Van Vechten

卡尔海因茨·施托克豪森 Karlheinz
Stockhausen

卡谢伊 Kashchei

凯瑟琳·亚当森 Kathryn Adamson

康斯坦丁·柯罗 Konstantin Korovin

科恩戈尔德 Korngold

克劳德·德彪西 Claude Debussy

克劳斯·欧伯梅耶 Klaus Obermaier

克里姆森国王 King Crimson

克里斯蒂安·辛丁 Christian Sinding

肯尼思·阿彻 Kenneth Archer

肯尼思·麦克米兰 Kenneth MacMillan

L

拉赫玛尼诺夫 Rachmaninov

里昂·巴克斯 Léon Bakst

莱昂-保罗·法格 Léon-Paul Fargue

莱昂尼德·马辛 Leonid Massine

莱奥什·雅纳切克 Leoš Janáček

劳伦斯·莫顿 Lawrence Morto

伦纳德·伯恩斯坦 Leonard Bernstein

里姆斯基–科萨科夫 Rimsky-Korsakov

理查·施特劳斯 Richard Strauss

理查德·塔鲁斯金 Richard Taruskin

利奥波德·斯托科夫斯基 Leopold
Stokowski

利亚多夫 Lyadov

莉迪亚·索科洛娃 Lydia Sokolova

列奥波德·斯托科夫斯基 Leopold
Stokowski

路易吉·鲁索洛 Luigi Russolo

路易斯·安德里森 Louis Andriessen

路易斯·维耶曼 Louis Vuillemin

罗伯特·克拉夫特 Robert Craft

罗兰·加洛斯 Roland Garros

罗莫拉·普尔斯基 Romola Pulszky

罗斯玛丽·李 Rosemary Lee

罗伊斯顿·马尔顿 Royston Maldoom

M

马林·阿尔索普 Marin Alsop

马塞尔·杜尚 Marcel Duchamp

玛丽·维格曼 Mary Wigman

玛丽亚·阿尔希波娃 Maria Arkhipova

玛丽亚·皮尔茨 Maria Piltz

玛利亚·特尼希娃公主 Princess Maria
Tenisheva

玛莎·葛兰姆 Martha Graham

玛塔·哈里 Mata Hari

迈克尔·戈登 Michael Gordon

梅丽尔·坦卡德 Meryl Tankard

米里娅姆·兰贝格 Myriam Ramberg

米利·巴拉基列夫 Mily Balakirev

米莉森特·霍德森 Millicent Hodson

米特罗凡·贝莱尔 Mitrofan Belyale

米西亚·爱德华兹 Misia Edwards

米歇尔·福金 Michel Fokine

莫德里斯·埃克斯坦 Modris Eksteins

莫杰斯特·穆索尔斯基 Modest
Mussorgsky

莫里斯·贝嘉 Maurice Béjart

莫里斯·丹尼斯 Maurice Denis

莫里斯·德拉热 Maurice Delage

莫里斯·拉威尔 Maurice Ravel

莫里斯·梅特林克 Maurice Maeterlinck

莫丽莎·芬利 Molissa Fenley

N

纳德兹卡 Nadezdka

纳塔利亚·冈察洛娃 Natalia
Goncharova

尼尔·坦南特 Neil Tennant

尼古拉·卡拉姆津 Nikolay Karamzin

尼古拉·里姆斯基-科萨科夫 Nikolai Rimsky-Korsakov

尼古拉斯·洛里奇 Nicholas Roerich

尼克莱·芬代森 Nicolai Findeizen

尼廷·索尼 Nitin Sawhney

诺申科 Nosenko

P

帕康夫人 Jeanne Paquin

皮埃尔·布列兹 Pierre Boulez

皮埃尔·拉洛 Pierre Lalo

皮埃尔·蒙都 Pierre Monteux

皮娜·鲍什 Pina Bausch

普拉东 Platon

普罗科菲耶夫 Prokofiev

Q

强尼·格林伍德 Jonny Greenwood

乔纳森·弗里曼·阿特伍德 Jonathan Freeman Attwood

乔纳森·克罗斯 Jonathan Cross

乔瑟琳·普克 Jocelyn Pook

乔治·安太尔 George Antheil

乔治·巴兰钦 George Balanchine

乔治·本杰明 George Benjamin

格奥尔格·福克斯 Georg Fuchs

乔治·皮奥什 Georges Pioch

琼尼·米歇尔 Joni Mitchell

裘德·凯利 Jude Kelly

R

让·科克托 Jean Cocteau

S

萨拉·亚历山大 Sarah Alexander

萨莎·华尔兹 Sascha Waltz

萨瓦·马蒙托夫 Savva Mamontov

塞隆尼斯·蒙克 Thelonious Monk

塞萨尔·居伊 César Cui

萨拉·伯恩哈特 Sarah Bernhardt

史蒂芬·沃尔什 Stephen Walsh

史蒂夫·旺德 Stevie Wonder

斯蒂夫·莱奇 Steve Reich

斯皮尔伯格 Spielberg

索尼娅·德劳内 Sonia Delaunay

T

塔马拉·卡尔萨维娜 Tamara Karsavina

泰罗·萨里宁 Tero Saarinen

特奥多尔·克雷提兹 Teodor Currentzis

托马斯·阿德斯 Thomas Ades

W

W. H. 奥登 Wystan Hugh Auden

瓦尔拉姆 Varlaam

瓦列里·捷杰耶夫 Valery Gergiev

瓦伦丁·格罗斯·雨果 Valentine Gross
Hugo

瓦伦丁·雨果 Valentine Hugo

瓦斯拉夫·尼金斯基 Vaslav Nijinsky

瓦西里·佩罗夫 Vasily Perov

维克多·德拜 Victor Debay

维克多·塞洛夫 Victor Serof

维拉·萨维纳 Vera Savina

维亚切斯拉夫·尼古拉耶维奇·特尼
舍夫 Vyacheslav Nikolayevich Tenishev

伍迪·赫尔曼 Woody Herman

X

西德尼·诺兰 Sidney Nolan

西蒙·拉特尔 Simon Rattle

希尔达·芒宁斯 Hilda Munnings

谢尔盖·戈罗德茨基 Sergey
Gorodetsky

谢尔盖·格里戈里耶夫 Sergey
Grigoriev

谢尔盖·科洛索夫 Sergey Kolosov

谢尔盖·利法尔 Serge Lifar

谢尔盖·马柳京 Sergey Malyutin

谢尔盖·帕夫洛维奇·佳吉列夫
Sergey Pavlovich Diaghilev

Y

雅克·里维埃 Jacques Rivière

雅克-埃米尔·布兰奇 Jacques-Émile
Blanche

亚历山大·阿法纳西耶夫 Alexander
Afanasyev

亚历山大·鲍罗丁 Alexander Borodin

亚历山大·莫索洛夫 Alexander
Mosolov

亚历山大·尼古拉耶维奇·伯努瓦
Alexandre Nikolayevich Benois

亚历山大一世 Alexander l

叶卡捷琳娜 Yekaterina

伊阿尼斯·泽纳基斯 Iannis Xenakis

伊凡·比利宾 Ivan Bilibin

伊凡·克拉姆斯科伊 Ivan Kramskoy

伊戈尔·马尔凯维奇 Igor Markevitch

伊利亚·列宾 Ilya Repin

伊莎多拉·邓肯 Isadora Duncan

伊万·查雷维奇 Ivan Tsarevich

雨果·沃尔夫 Hugo Wolf

约翰·威廉姆斯 John Williams

Z

詹姆斯·沃茨 James Watts

朱利安·赫胥黎 Julian Huxley

茱莉亚·沃尔夫 Julia Wolfe

地名、建筑名

A

阿布兰姆塞沃 Abramtsevo

奥德维奇剧院 Aldwych Theatre

奥拉宁堡度假胜地 Oranienbaum

B

巴黎赌场 Casino de Paris

柏林歌剧院 Städtische Oper Berlin

贝莱尔 Bel Air

布洛涅森林 Bois du Boulogne

C

查特拉尔旅馆 Hôtel du Châtelard

D

德鲁里里巷 Drury Lane

H

和平街 Rue de la Paix

皇家音乐学院 Royal Academy of Music

皇家铸币局剧院 Théâtre Royal de la Monnaie

J

加尼叶歌剧院 Opéra Garnier

金史密斯学院 Goldsmiths' College

K

卡尔斯巴德 Karlsbad

克拉伦斯 Clarens

克里姆林宫 Kremlin

克留科夫运河 Kryukov Canal

L

莱斯特广场 Leicester Square

伦敦萨德勒之井剧院 Sadler's Wells

迪勒斯旅馆 Les Tilleuls, The Lindens

M

马林斯基剧院 Mariinsky Theatre

马蒙托夫私人歌剧院 Mamontov's Private Opera

蒙田大道 Avenue Montaigne

莫斯科音乐学院 Moscow Conservatories

N

鸟园 Birdland

S

塞纳河 the Seine

圣彼得堡帝国艺术学院 Imperial Academy of Arts in St Petersburg

圣彼得堡街道 St Petersburg street

圣彼得堡音乐学院 St Petersburg Conservatory

T

塔拉什基诺庄园 Talashkino estate

W

乌帕塔舞蹈剧场 Tanztheater Wuppertal

乌斯蒂鲁格村 the village of Ustilug

X

夏特雷剧院 Châtelet theatres

香榭丽舍大街 Champs-Élysées

香榭丽舍剧院 Théâtre des Champs-Élysées

新西伯利亚大铁路 the new Trans-Siberian Railway

专有名词

"俄罗斯狂热" the goût russe

"彼得鲁什卡和弦" Petrushka chord

"彼得鲁什卡牢房" Petrushka's Cell

"丑闻音乐会" Skandalkonzert

"坏痞子"爵士三重奏 the Bad Plus

"节奏米奇卡" Rhythmichka

"流血星期日" Bloody Sunday

"玛莎尖叫" Masha Scream

"强力集团" the Moguchaya Kuchka

"木材厂大爆炸" the explosion of a shingle factory

"巡回展览画派" Peredvizhniki

"整体艺术" Gesamtkunstwerk

阿科纳乐队 Arkona

百代唱片 EMI

柏林爱乐乐团 Berlin Philharmonic

宠物店男孩乐队 Pet Shop Boys

当代音乐之夜 Evenings of Contemporary Music

德雷福斯事件 Dreyfus affair

迪卡唱片 Decca

俄罗斯季 Saison Russe

俄罗斯套娃 matryoshka

发明之母乐队 Mothers of Invention

费城交响乐团 Philadelphia Orchestra

里程碑文库

The Landmark Library

　　"里程碑文库"是由英国知名独立出版社宙斯之首（Head of Zeus）于2014年发起的大型出版项目，邀请全球人文社科领域的顶尖学者创作，撷取人类文明长河中的一项项不朽成就，以"大家小书"的形式，深挖其背后的社会、人文、历史背景，并串联起影响、造就其里程碑地位的人物与事件。

　　2018年，中国新生代出版品牌"未读"（UnRead）成为该项目的"东方合伙人"。除独家全系引进外，"未读"还与亚洲知名出版机构、中国国内原创作者合作，策划出版了一系列东方文明主题的图书加入文库，并同时向海外推广，使"里程碑文库"更具全球视野，成为一个真正意义上的开放互动性出版项目。

　　在打造这套文库的过程中，我们刻意打破了时空的限制，把古今中外不同领域、不同方向、不同主题的图书放到了一起。在兼顾知识性与趣味性的同时，也为喜欢此类图书的读者提供了一份"按图索骥"的指南。

　　作为读者，你可以把每一本书看作一个人类文明之旅的坐标点，每一个目的地，都有一位博学多才的讲述者在等你一起畅谈。

　　如果你愿意，也可以将它们视为被打乱的拼图。随着每一辑新书的推出，你将获得越来越多的拼图块，最终根据自身的阅读喜好，拼合出一幅完全属于自己的知识版图。

　　我们也很希望获得来自你的兴趣主题的建议，说不定它们正在或将在我们的出版计划之中。

里程碑文库编委会